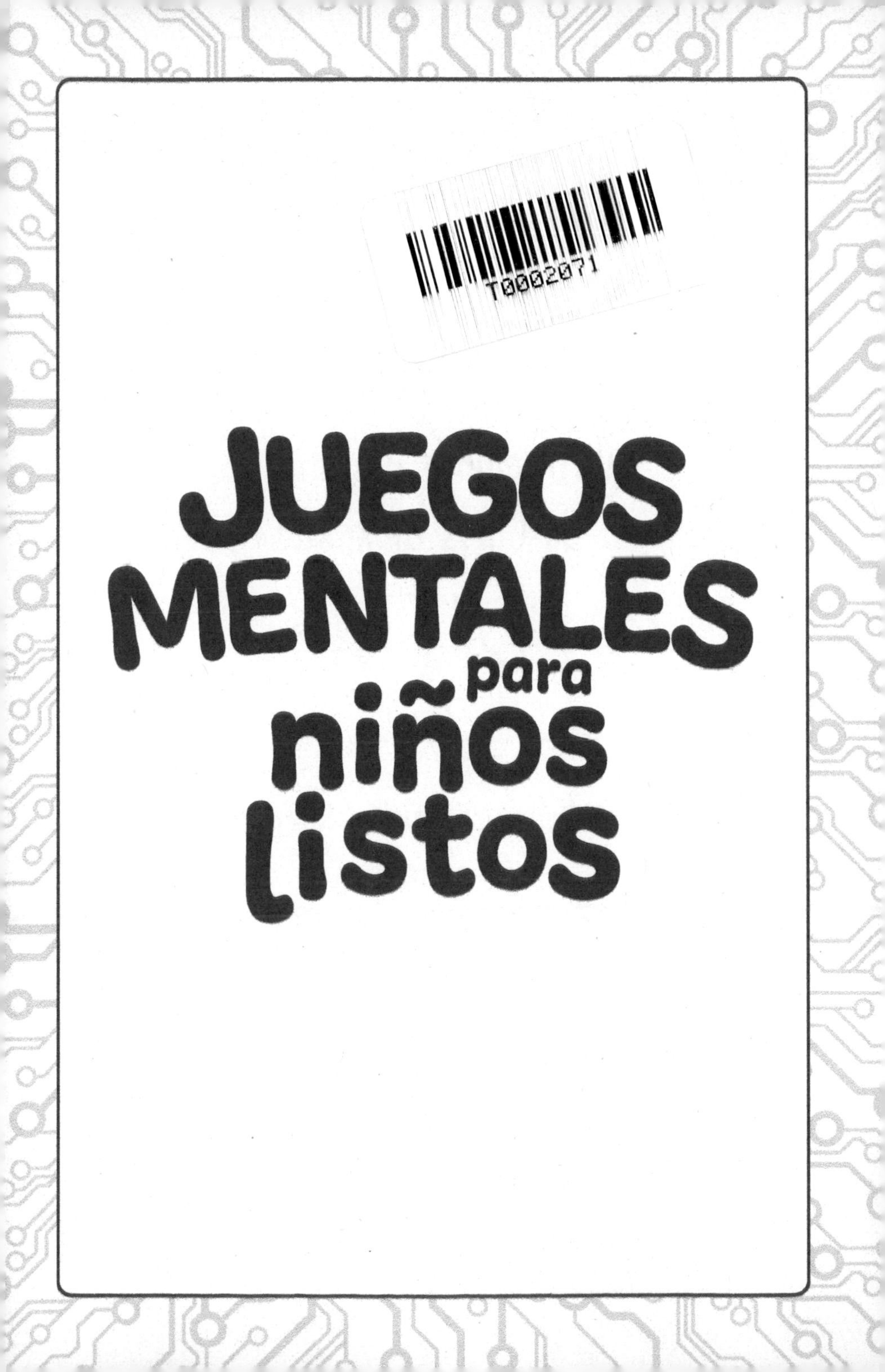

JUEGOS MENTALES para niños listos

Juegos y soluciones creados por el Dr. Gareth Moore

B.Sc (Hons) M.Phil Ph.D

Ilustraciones y cubierta de Chris Dickason

Diseñado por Janene Spencer y Zoe Bradley

Editado por Imogen Williams

Diseño de cubierta de Angie Allison

JUEGOS MENTALES para niños listos

Título original: *Brain gaming for clever kids*

ISBN: 978-8893-67-800-1

Traducción: Montse Triviño

Maquetación: Emma Camacho

Primera edición: febrero 2020

Primera reimpresión: diciembre 2021

Se terminó de imprimir en diciembre de 2021 en Italia
en Rotomail Italia S.p.A. - Vignate (MI)

INTRODUCCIÓN

¿Te atreves a enfrentarte a los más de cien juegos mentales de este libro? Tendrás que estrujarte el cerebro para resolverlos. Están diseñados para poner a prueba cada una de las partes de tu cerebro y puedes hacerlos en el orden que quieras, aunque se van haciendo más difíciles a medida que avanza el libro, así que no sería mala idea empezar por el principio y acabar por el final.

En el margen superior de cada página encontrarás un espacio para que anotes cuánto tiempo has tardado en completar el juego. ¡Y que no te dé miedo escribir o tomar notas en el libro! Puede ser una buena táctica para ayudarte a poner en orden tus ideas. Al final del libro, tienes unas páginas en blanco que puedes usar para resolver los juegos.

Antes de empezar cada juego, lee las instrucciones. Son muy sencillas. Si te encallas en algún problema, vuelve a leerlas por si se te ha pasado algo por alto. También te recomiendo que uses un lápiz: así podrás borrar lo que necesites y volver a empezar.

Si no consigues resolverlo, también le puedes preguntar a un adulto, pero ¿sabías que tu cerebro en realidad es mucho más potente que el de un adulto? A medida que crecemos, el cerebro elimina datos que cree que ya no necesita, o sea, que puede que se te dé mejor resolver estos problemas a ti que a los mayores.

Si **de verdad** no hay forma de avanzar, puedes echar un vistazo a las soluciones, que están entre los juegos y las páginas para tomar notas. En ese caso, intenta averiguar intenta averiguar cómo habrías llegado a la solución por tu cuenta.

¡Buena suerte y que te diviertas!

Te presentamos al Dr. Gareth Moore, el maestro de los juegos mentales

El doctor Gareth Moore es un *crack* de los juegos mentales y ha escrito muchísimos libros de acertijos y rompecabezas para ejercitar el cerebro.

Ha creado una página web para entrenar el cerebro, BrainedUp.com, y también tiene otra web con más juegos y problemas, PuzzleMix.com. Gareth Moore es doctor por la Universidad de Cambridge, donde enseña a las máquinas a hablar inglés.

¡Que
empiecen
los JUEGOS
MENTALES!

JUEGO MENTAL 1

TIEMPO ....

Agudiza tu ingenio y dibuja una sola línea que pase por todas y cada una de las casillas en blanco de las dos cuadrículas que tienes a continuación. Solo puedes usar trazos horizontales y verticales, y la línea no puede cruzarse consigo misma ni puede pasar por la misma casilla más de una vez.

Aquí tienes un ejemplo ya completado para que veas cómo funciona:

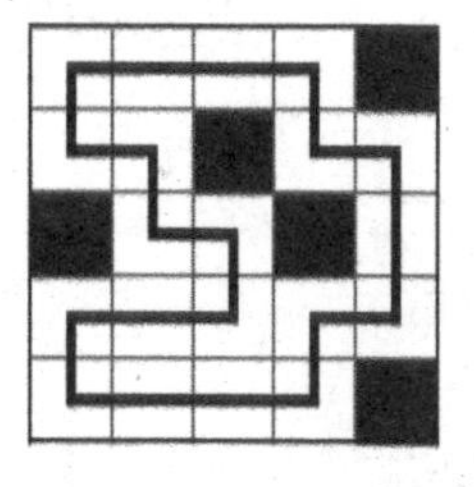

a)

b)

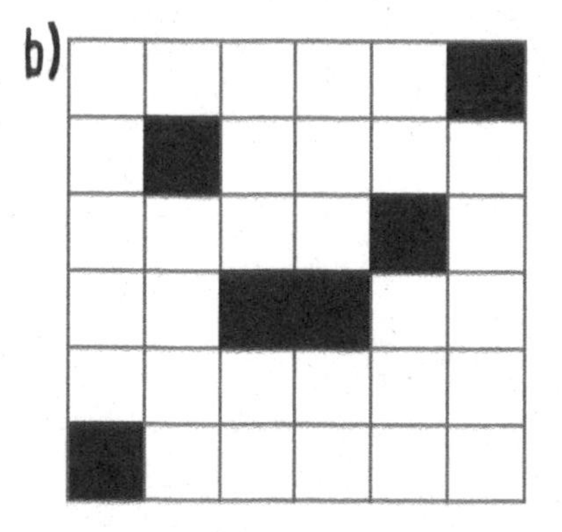

TIEMPO ....

JUEGO MENTAL 2

¡Recorre el laberinto tan rápido como puedas sin equivocarte y vigila no meterte en un callejón sin salida!

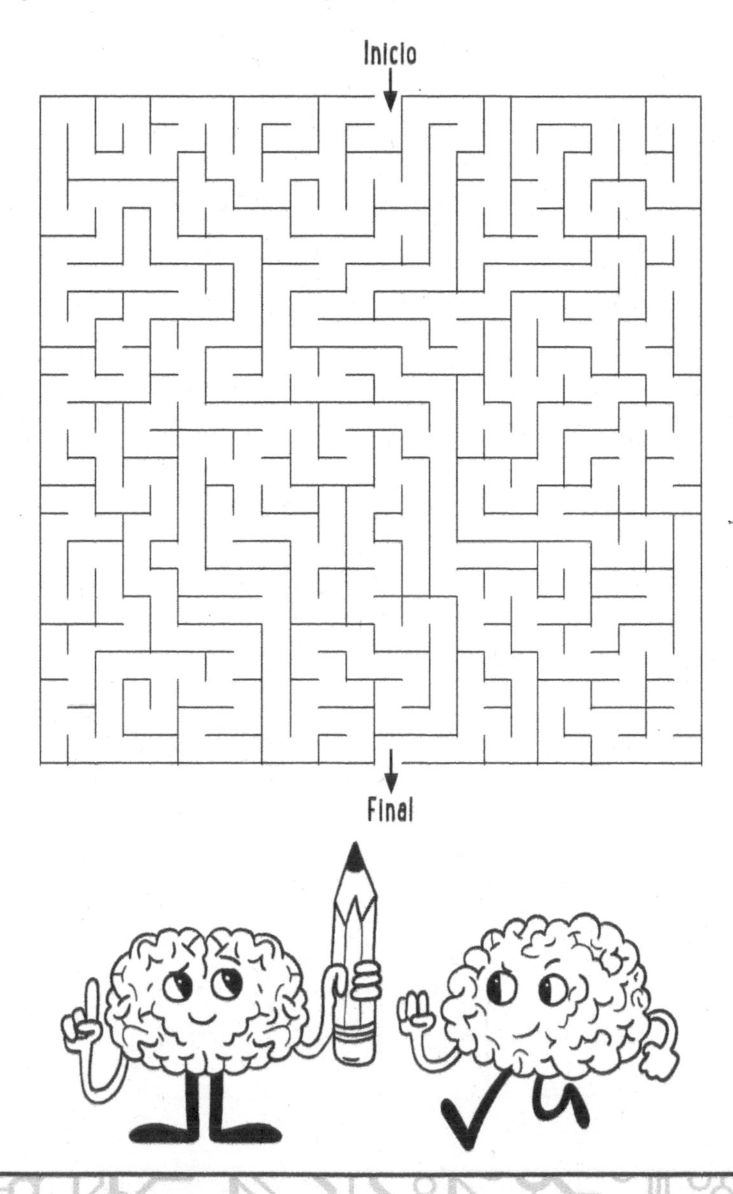

JUEGO MENTAL 3

TIEMPO ....

¿Puedes rellenar las casillas en blanco para que la cuadrícula contenga todos los números del 1 al 16? Tienes que crear una cadena de números.

REGLAS

- Has de empezar con el número 1 y después pasar al 2, al 3, al 4..., saltando solo a las casillas contiguas.
- Te puedes mover hacia la izquierda, la derecha, arriba o abajo, pero no en diagonal.

En este ejemplo ya completado puedes ver cómo funciona:

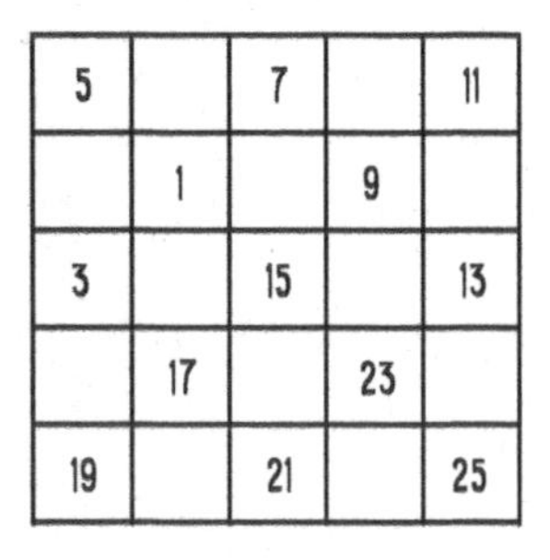

5		7		11
	1		9	
3		15		13
	17		23	
19		21		25

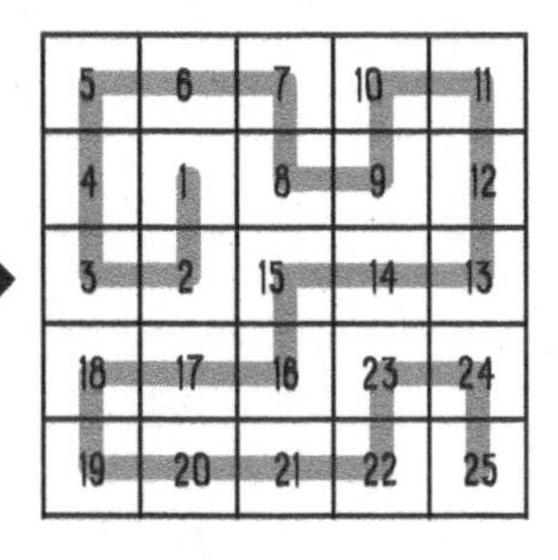

5	6	7	10	11
4	1	8	9	12
3	2	15	14	13
18	17	16	23	24
19	20	21	22	25

	9	8	
11			2
16			3
	14	5	

TIEMPO ....

JUEGO MENTAL 4

¡Este juego pondrá a prueba tu destreza con los sudokus! Debes escribir un número del 1 al 4 en cada línea, columna y cuadrado resaltado de 2 × 2.

En este ejemplo ya completado puedes ver cómo funciona:

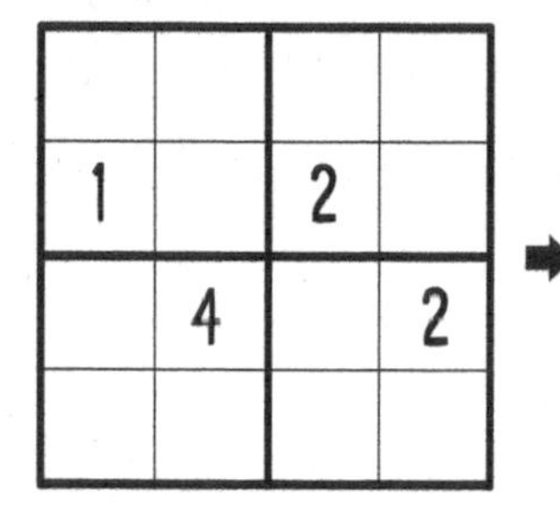

➡

4	2	3	1
1	3	2	4
3	4	1	2
2	1	4	3

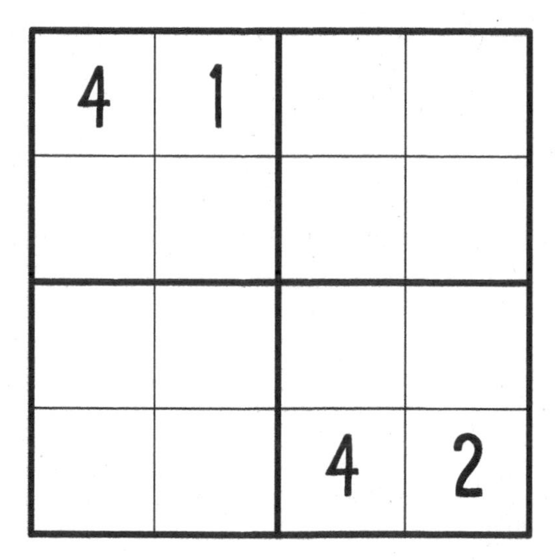

JUEGO MENTAL 5

Estos cerebritos tan listos te han dado unas instrucciones matemáticas que debes resolver. Empieza por el número que hay al inicio de cada cadena y ve siguiendo las flechas. Haz la operación matemática que te indican en cada caso.

Por ejemplo, en la cadena que hay a continuación tienes que empezar por el 15, dividirlo entre 3, entonces multiplicar el resultado por 2… hasta que llegues al final de la cadena.

Escribe la respuesta definitiva en el recuadro en blanco que hay al final de la cadena.

a)

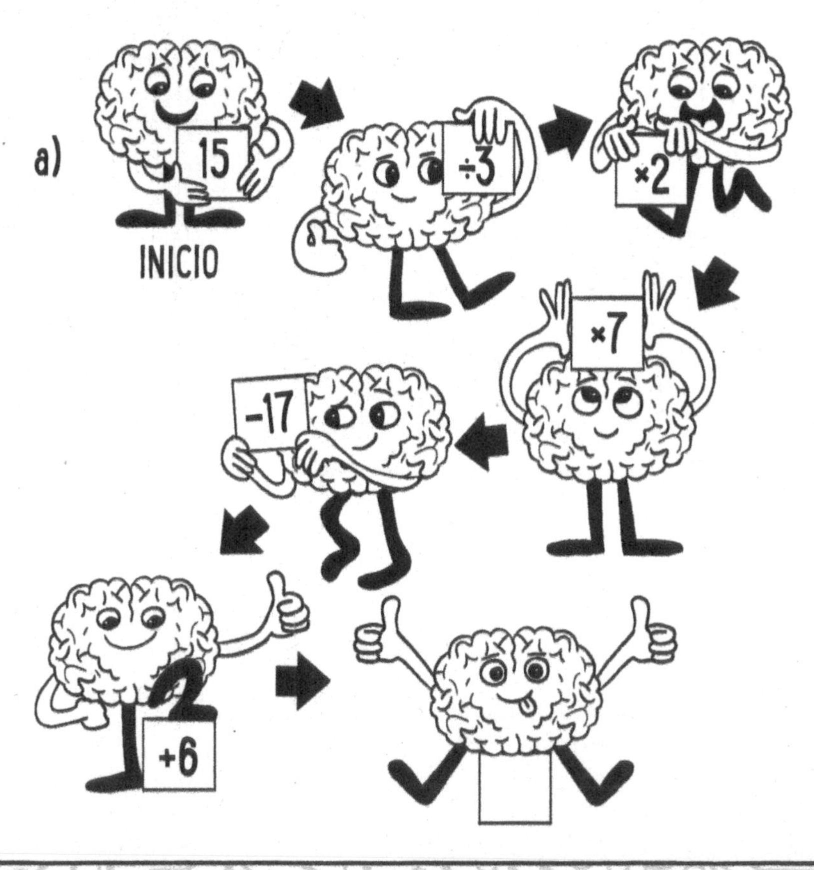

TIEMPO
b)
INICIO
19
+2
×2
−15
+9
−16
c)
INICIO
18
+9
÷3
+17
÷2
×4

JUEGO MENTAL 6

TIEMPO ....

Para resolver este rompecabezas, tienes que escribir un 0 o un 1 en cada casilla en blanco de la cuadrícula que tienes a continuación, de modo que queden el mismo número de 0 y de 1 en cada fila y columna. No puedes tener más de dos números iguales seguidos en ninguna fila ni columna. Por ejemplo, puedes escribir «0, 0, 1, 1, 0, 1» pero no «0, 0, 1, 1, 1, 0».

Aquí tienes un ejemplo resuelto para que veas cómo funciona:

0			0		1
0		1	1		
1			1	1	
	1	1			1
		1	1		0
1		0			0

➡

0	1	0	0	1	1
0	0	1	1	0	1
1	0	0	1	1	0
0	1	1	0	0	1
1	0	1	1	0	0
1	1	0	0	1	0

0	0				
0				1	1
1	1		1		0
0		0		1	1
1	0				0
				1	0

TIEMPO ....

JUEGO MENTAL 7

Para enfrentarte a este reto del dominó, escoge cuatro de las fichas sueltas que hay en la parte inferior de la página y completa la partida. Recuerda que las fichas de dominó solo se pueden juntar cuando tienen el mismo número en los extremos que se tocan.

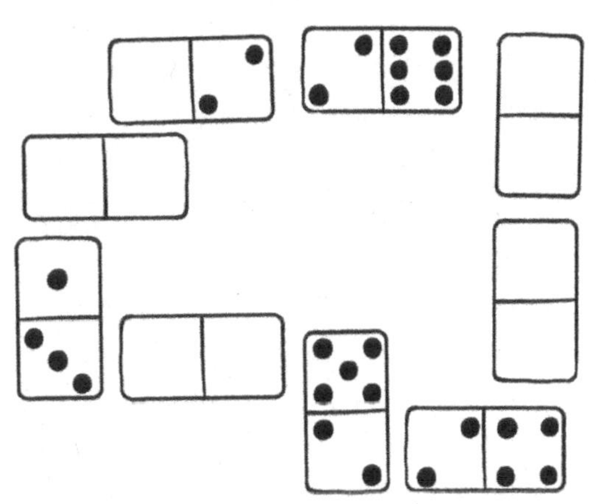

JUEGO MENTAL 8

TIEMPO ....

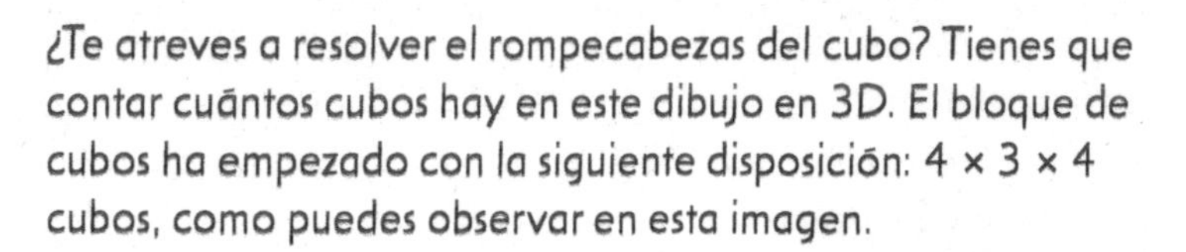

¿Te atreves a resolver el rompecabezas del cubo? Tienes que contar cuántos cubos hay en este dibujo en 3D. El bloque de cubos ha empezado con la siguiente disposición: 4 × 3 × 4 cubos, como puedes observar en esta imagen.

CONSEJO: intenta contar los cubos capa por capa. Por ejemplo, ¿cuántos cubos hay en la capa inferior? Al final, suma el número de cubos que hay en cada capa y obtendrás el resultado.

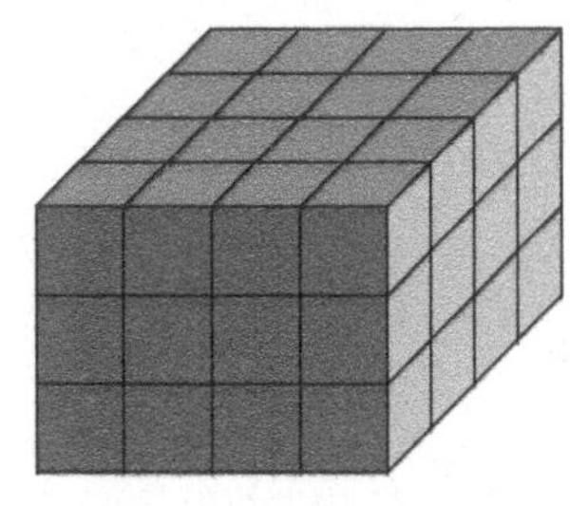

Se han eliminado algunos cubos, pero sabemos que no hay ninguno que quede «flotando» en el aire. Así que, si ves un cubo en una capa superior, seguro que hay cubos en las capas inferiores, aunque no los veas.

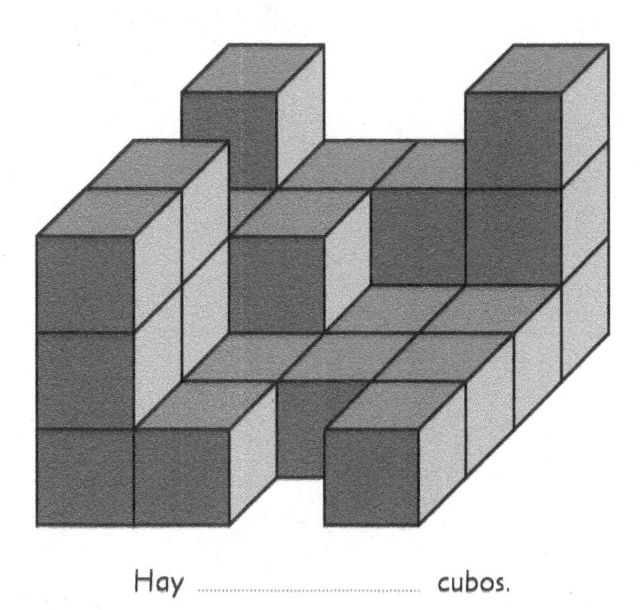

Hay .... cubos.

TIEMPO ....

JUEGO MENTAL 9

¿Puedes unir todos los puntos con una sola línea? Emplea trazos horizontales o verticales, pero la línea no puede cruzarse consigo misma ni tocarse. Ya tienes algunos trazos dibujados para que tengas una ayudita inicial.

En este ejemplo ya resuelto puedes ver cómo funciona:

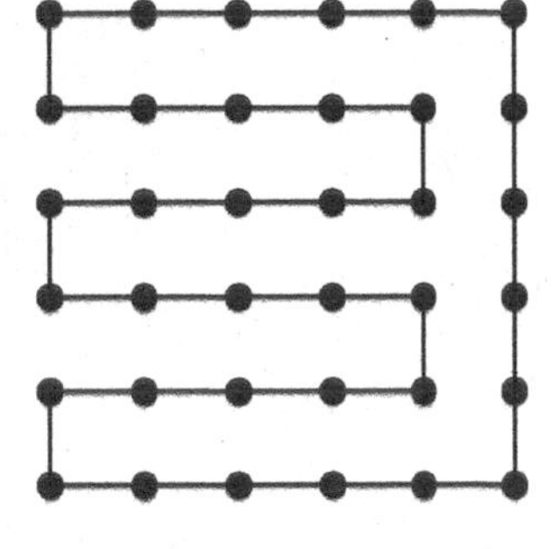

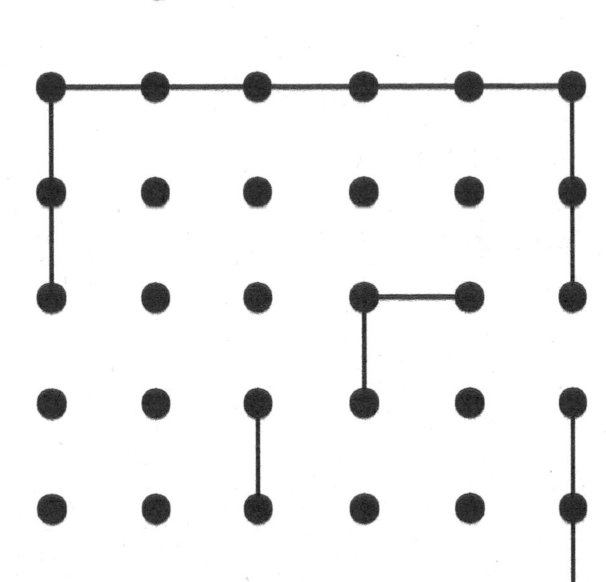

JUEGO MENTAL 10

TIEMPO ....

¡Ha llegado la hora de enfrentarse al espejo mágico! Tienes que encontrar la imagen (a-c) que refleja cada una de las formas (1-3) como si fuese un espejo. Cuando encuentres la respuesta, rodéala con un círculo.

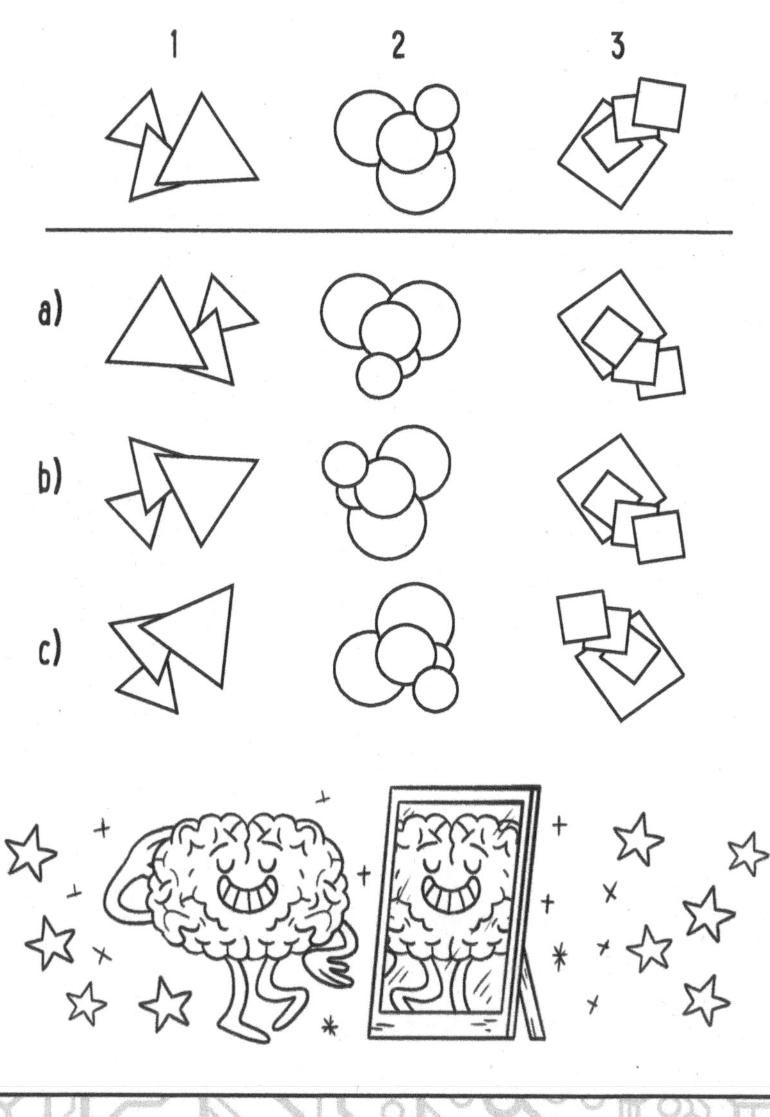

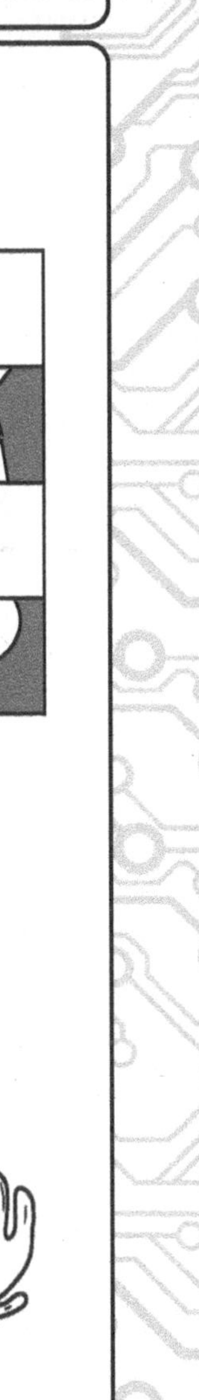

TIEMPO ....

JUEGO MENTAL 11

Las dos imágenes que tienes a continuación son iguales, pero en cada una de ellas se han borrado algunas partes.

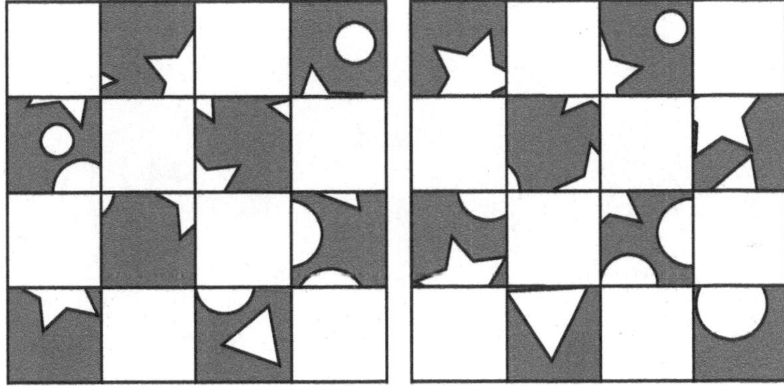

Imagínate las dos imágenes combinadas y encuentra las respuestas a estos enigmas:

a) ¿Cuántas estrellas hay? ....

b) ¿Cuántos círculos hay? ....

c) ¿Cuántos triángulos hay? ....

JUEGO MENTAL 12

¿Eres un cerebrito total? Suma algunos de los números que tienes a continuación para obtener los totales que hay al final de la página. Solo puedes usar cada número una sola vez por respuesta. Por ejemplo, para llegar a 45, podrías sumar 8 + 6 + 10 +12 + 9.

Números:

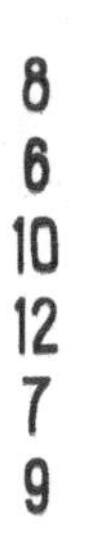

¡Venga, esto se pone interesante! ¿Cuántos rectángulos puedes distinguir en este rectángulo enorme? Anota todos los que encuentres, incluyendo el rectángulo grande que contiene a los demás. Y no te olvides de los más pequeños, que pueden juntarse para crear uno más grande.

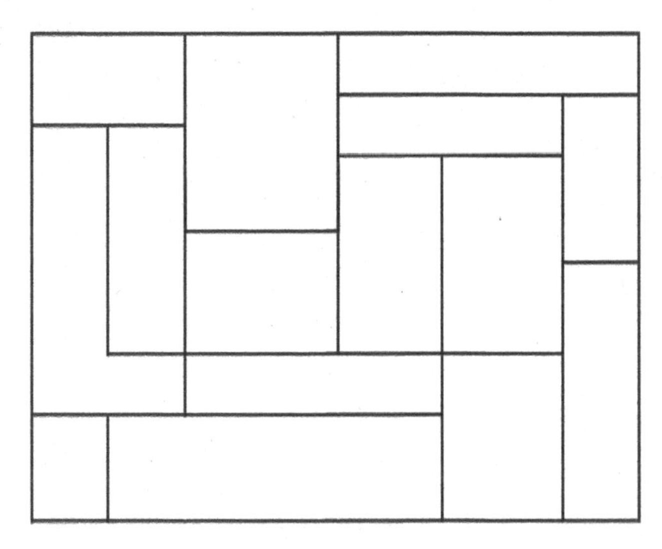

JUEGO MENTAL 14

TIEMPO ....

¿Puedes completar la pirámide rellenando todas las casillas en blanco? El número de cada casilla equivale a la suma de las dos casillas que tiene justo debajo.

Aquí tienes un ejemplo ya resuelto para que veas cómo funciona:

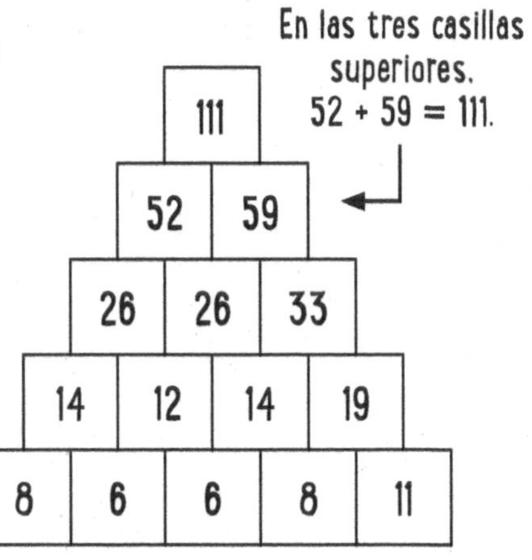

 TIEMPO ....

JUEGO MENTAL 15

En esta red de letras está escondida la palabra **VIAJAR**.
¡Demuestra lo listo que eres y encuéntrala! Empieza en una letra V y ve conectando las diferentes letras hasta que puedas escribir la palabra entera. Solo puedes moverte de una letra a otra si están conectadas por una línea, y no puedes usar la misma letra más de una vez.

Para entender cómo funciona, échale un vistazo a este ejemplo ya resuelto en el que había escondida la palabra «MUNDO».

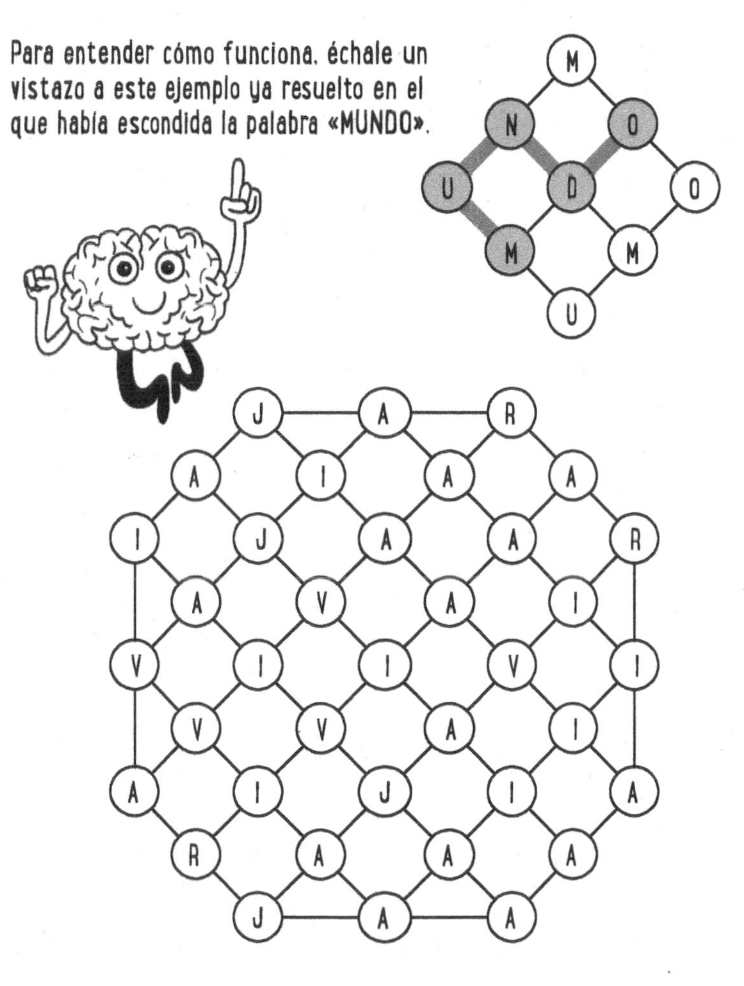

JUEGO MENTAL 16

¿Eres más de letras que de números? Vamos a descubrirlo. Coloca las siguientes palabras en orden alfabético, pero primero busca un cronómetro para que puedas calcular cuánto tardas en completar el primer desafío y después el segundo. ¡Puede que la diferencia te sorprenda! ¡A la de una, a la de dos y a la de tres!

Desafío 1

Salchicha Pan Hamburguesa Kétchup Sal Vinagre

....

....

....

....

....

....

TIEMPO ....

Desafío 2

Tres Seis Dos Cinco Cuatro Uno

¿Has comparado los dos tiempos? ¿Qué tal ha ido? Las palabras del segundo desafío son más cortas y más fáciles de deletrear, pero ¿has tardado más? Si no es así, ¡felicidades! La mayoría de la gente va más lenta. Esto ocurre porque el cerebro «sabe» que el orden «correcto» es «uno, dos, tres, cuatro, cinco, seis» y es más difícil concentrarse en el orden alfabético.

JUEGO MENTAL 17

Un dado normalmente tiene estas seis caras:

Desgraciadamente, el dado que tenemos a continuación ha perdido algunos puntos. ¿Puedes resolver las preguntas planteadas? Puede que algunos dados estén girados en comparación con los dados de arriba.

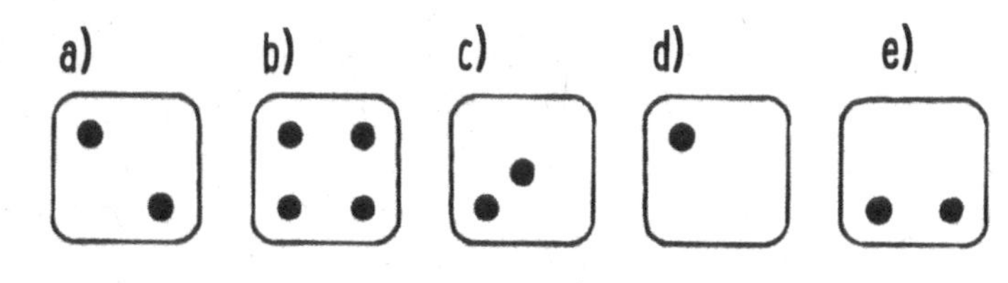

a) ¿Cuáles de estos dados podrían ser un seis?

....

b) ¿Cuáles podrían ser un tres?

....

c) ¿Cuál es el valor mínimo que podrían tener los cinco dados sumados? ....

d) ¿Cuál es el valor máximo que podrían tener estos cinco dados sumados? ....

JUEGO MENTAL 18

¡Ha llegado la hora de retar a tu memoria! Observa las imágenes que hay a continuación el tiempo que quieras e intenta recordar tantas como puedas.

Cuando lo consideres oportuno, gira la página. Encontrarás algunos de estos objetos, pero no todos. ¿Con tu envidiable memoria eres capaz de averiguar cuáles faltan?

TIEMPO ....

Los objetos que faltan son:

....

....

....

....

Coloca un número del 1 al 5 en cada casilla en blanco de modo que todos los números aparezcan una sola vez en cada columna y fila. No puedes tener dos números idénticos que se toquen en diagonal.

En este ejemplo ya resuelto verás cómo funciona:

	4		5	
5				2
3				5
	5		1	

➡

1	4	2	5	3
5	3	1	4	2
4	2	5	3	1
3	1	4	2	5
2	5	3	1	4

	2	3	4	
	4		1	
	1	2	3	

JUEGO MENTAL 20

TIEMPO ....

¿Puedes descubrir qué patrón siguen las cadenas de imágenes que tienes a continuación? Completa la secuencia y dibuja la imagen correspondiente en la última casilla..

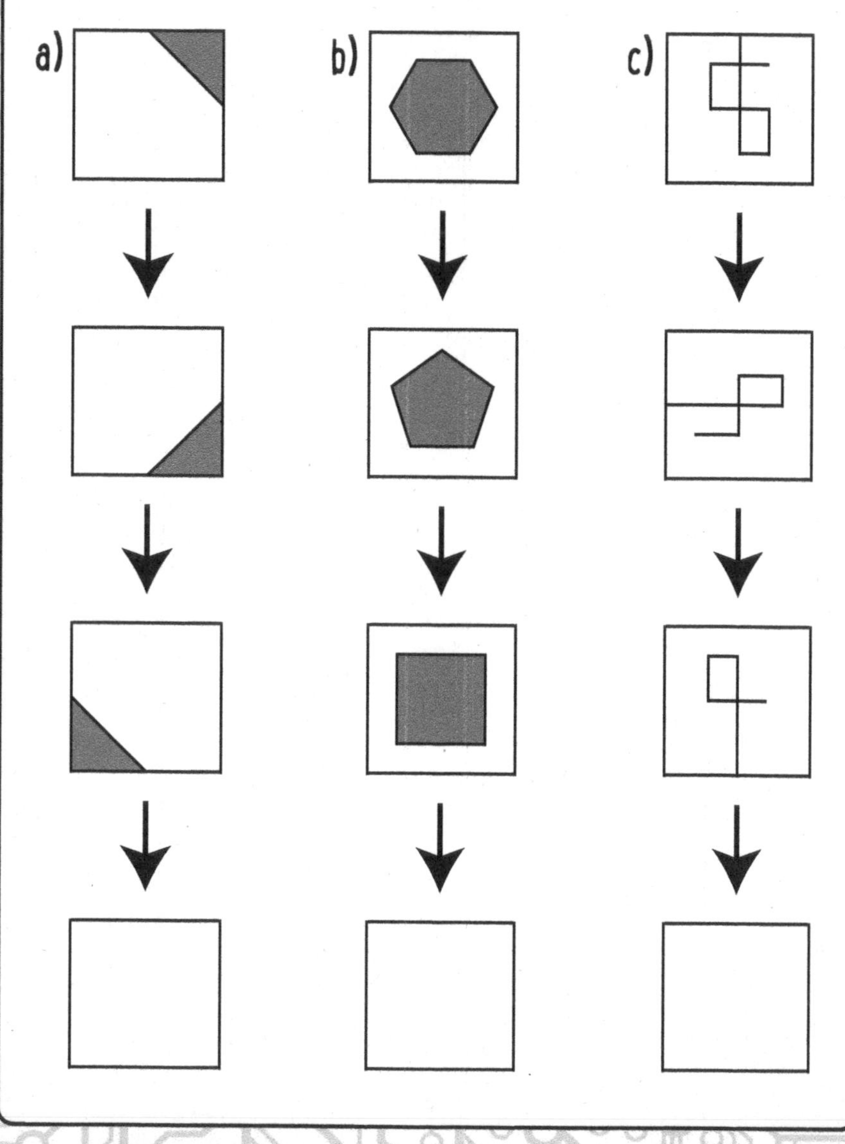

Utiliza tu agudeza mental para descubrir qué casillas esconden una mina.

REGLAS

- Las minas pueden estar en cualquiera de las casillas en blanco, pero no en las que tienen un número.
- El número que hay en algunas casillas indica cuántas minas hay en las casillas que la rodean, incluyendo las que se tocan en diagonal.

Échale un vistazo a este ejemplo ya resuelto para ver cómo funciona:

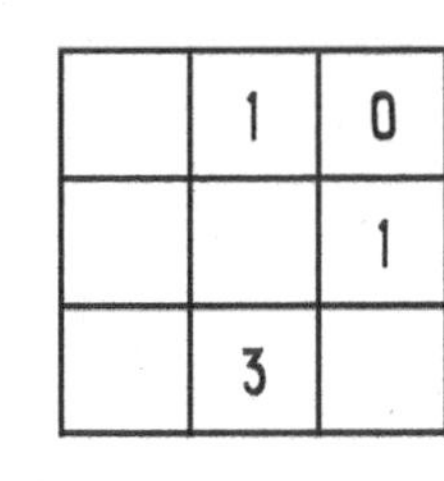

	1	0
		1
	3	

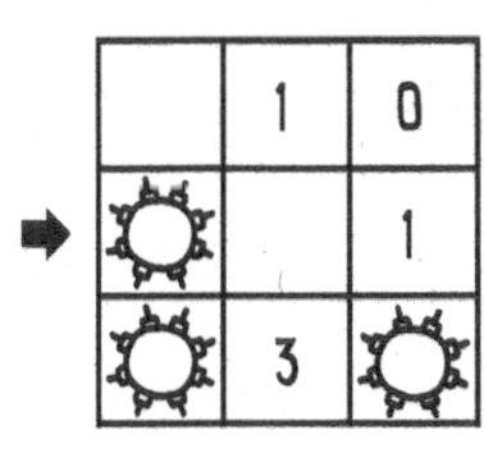

	1	0
mina		1
mina	3	mina

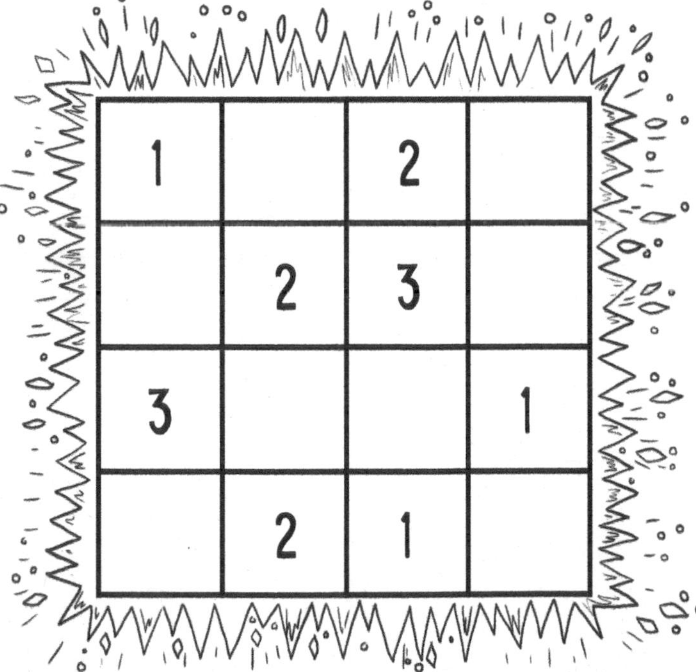

1		2	
	2	3	
3			1
	2	1	

JUEGO MENTAL 22

TIEMPO ....

¿Puedes llegar a los totales que hay debajo sumando un número de cada anillo de la diana?

Por ejemplo, para llegar al 12 puedes escoger el 6 del anillo interior, el 2 del anillo del medio y el 4 del anillo exterior.

Totales:

14 = ...

28 = ...

32 = ...

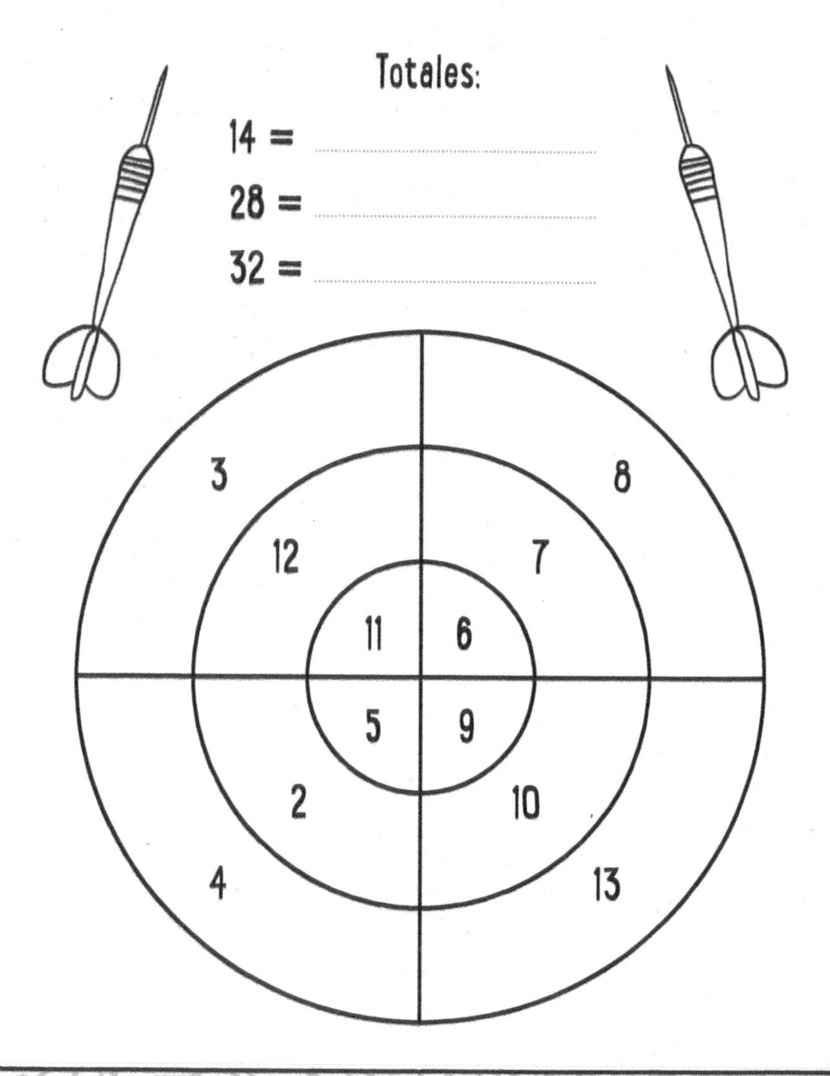

¡A ver si puedes recorrer de inicio a fin este laberinto tan complicado sin hacerte un lío!

Cronométrate y anota cuánto tardas.

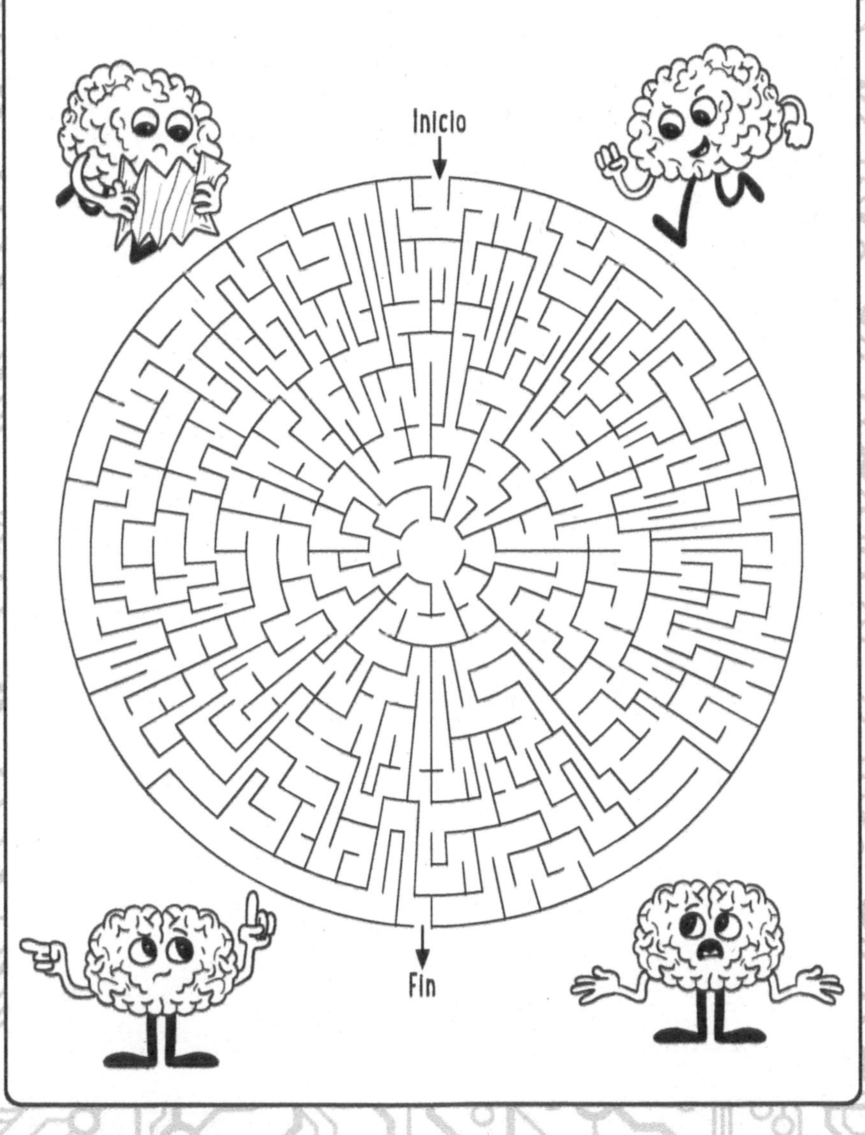

JUEGO MENTAL 24

El objetivo de esta batalla naval es descubrir los barcos ocultos en la cuadrícula. Los barcos pueden ocupar más o menos casillas, y hay varios que miden lo mismo. Tu objetivo es descubrir qué casillas solo contienen agua y cuáles ocultan un barco entero o una parte.

REGLAS

- Cada columna y fila tiene un número al lado que indica cuántas casillas ocultan un barco entero o una parte.
- Los barcos solo pueden estar en vertical o en horizontal.
- Los barcos no se pueden tocar en ningún sentido, ni siquiera en diagonal.

Échale un vistazo a este ejemplo para ver cómo funciona:

1 × crucero
2 × destructores
2 × submarinos

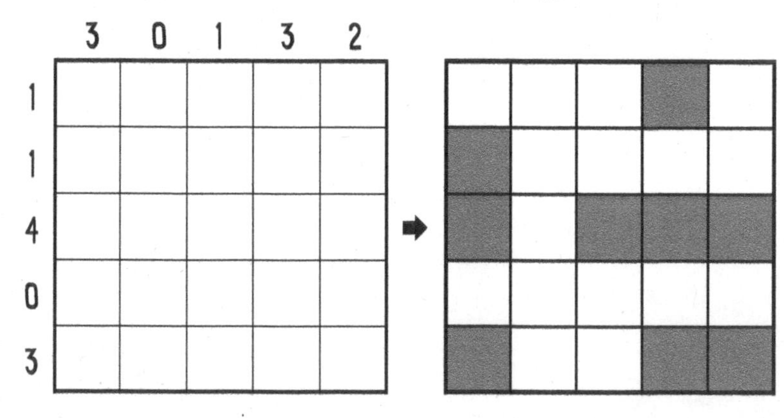

TIEMPO
1 × crucero
2 × destructores
2 × submarinos
1 1 4 0 3
3
0
3
2
1

JUEGO MENTAL 25

TIEMPO ....

Para resolver este *futoshiki*, tienes que colocar los números del 1 al 4 de modo que cada número aparezca una sola vez en cada columna y fila. Los símbolos > («mayor que») mandan: siempre enlazan una pareja de números e indican cuál es mayor que el otro. Por ejemplo, puedes tener «2 > 1», «3 > 1» o «4 > 1», ya que 2, 3 y 4 son mayores que 1. En cambio, no podrías tener «1 > 2» porque el 1 no es mayor que el 2.

Este *futoshiki* ya resuelto te ayudará a entender cómo funciona:

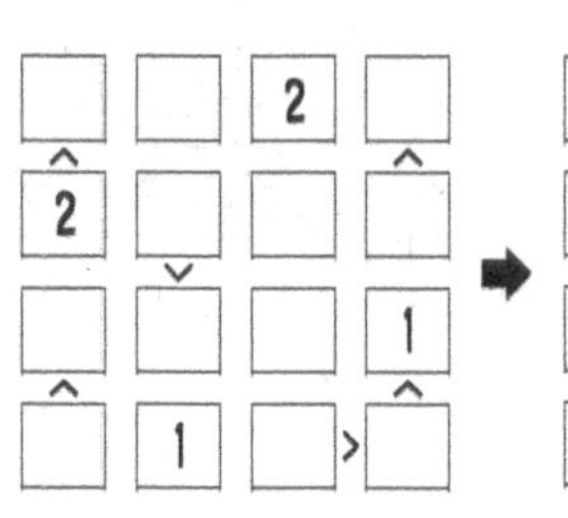

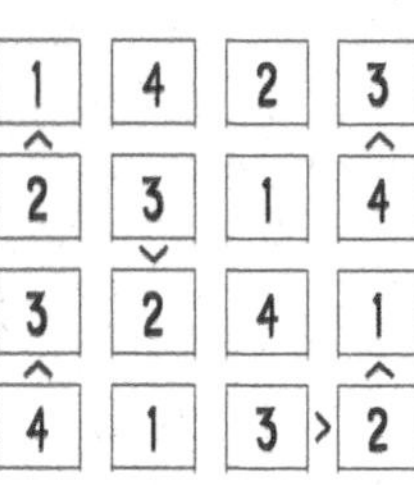

						2
		^		^		
	>	2				
				1		
		v		^		
1					<	

TIEMPO ....

JUEGO MENTAL 26

Aquí abajo tienes escritos los nombres de algunos deportes, pero cada palabra se ha dividido en tres y se han mezclado todas. ¿Puedes encontrar las tres partes que forman cada palabra? Por ejemplo, BÉI + SB + OL te daría la palabra **BÉISBOL**.

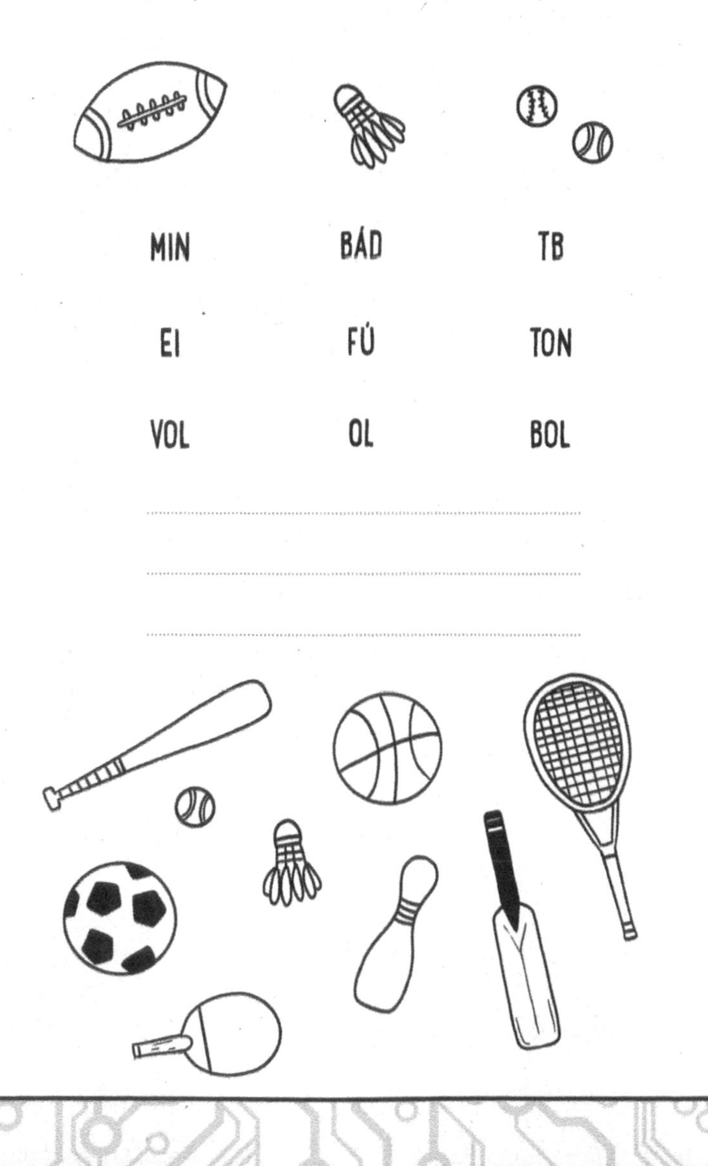

MIN BÁD TB

EI FÚ TON

VOL OL BOL

....

....

....

JUEGO MENTAL 27

TIEMPO ....

¿Puedes encontrar las diez diferencias que se ocultan en estas dos imágenes?

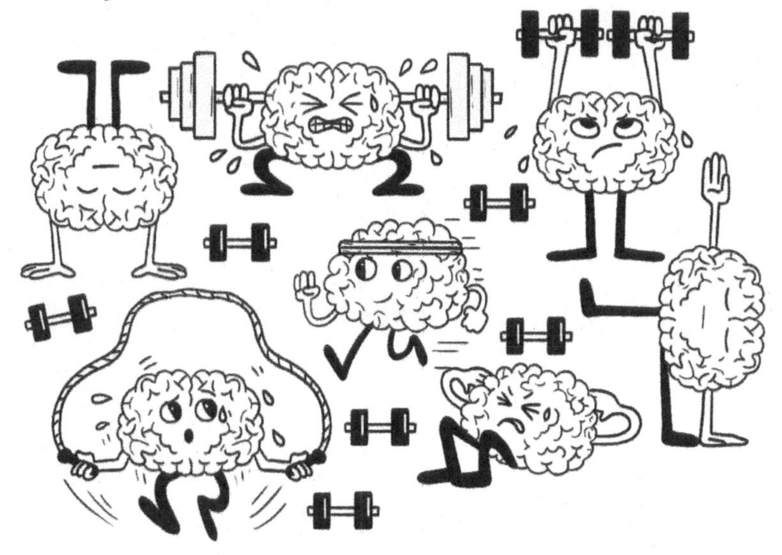

 TIEMPO ....

JUEGO MENTAL 28

Pon el cerebro a trabajar y descubre cuál es el siguiente número de cada una de estas secuencias matemáticas.

a) 11 14 17 20 23 26 ....

b) 51 46 41 36 31 26 ....

c) 2 4 8 16 32 64 ....

d) 91 81 72 64 57 51 ....

e) 17 19 23 29 31 37 ....

JUEGO MENTAL 29

¿Te atreves a completar la pirámide de palabras de la siguiente página? Tienes unas pistas: en cada frase se ha eliminado una palabra, que es justo la que buscamos. El número de la frase corresponde a la fila de la pirámide.

Empieza desde arriba y ve bajando. En cada fila se usan las mismas letras que en la fila superior, pero sumándole otra más. Y puede que no estén en el mismo orden.

Por ejemplo, si en la primera fila la palabra es AJO, en la segunda podría ser SOJA, y en la tercera podría ser JOTAS.

TIEMPO ....

Pistas:

1) El .... aparece en el logo de los Juegos Olímpicos. Hay cinco.

2) Me gustaría tener este videojuego pero es demasiado ....

3) Mi padre dice que no, pero .... cuando duerme.

4) En el comedor del colegio siempre nos dan una .... bastante grande.

5) Hoy en clase de Lengua hemos aprendido qué es una ....

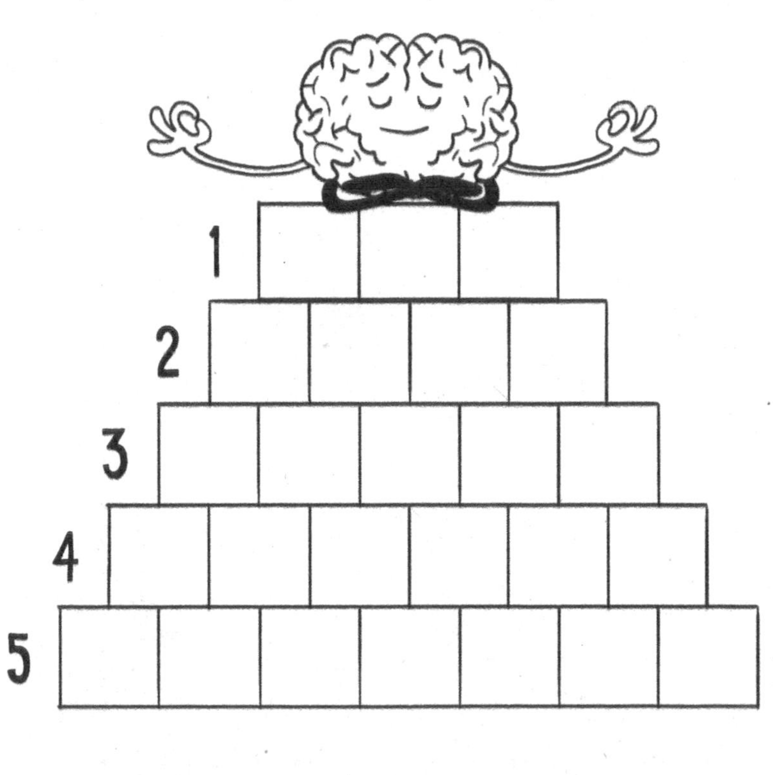

JUEGO MENTAL 30

¡Para este juego necesitas unas habilidades muy agudas! ¿Puedes trazar una línea que conecte las dos formas iguales?

REGLAS

- Las líneas no pueden cruzarse ni tocarse.
- Por cada casilla de la cuadrícula solo puede pasar una línea.
- Las líneas deben estar formadas por tramos horizontales y verticales, pero no puedes moverte en diagonal.

En este ejemplo podrás ver cómo funciona:

 TIEMPO ....

JUEGO MENTAL 31

A ver si eres mejor que Sherlock Holmes. ¿Eres capaz de encontrar el detective que es idéntico al de arriba? Todos se parecen mucho, pero solo uno es exactamente igual. Cuando lo descubras, rodéalo con un círculo.

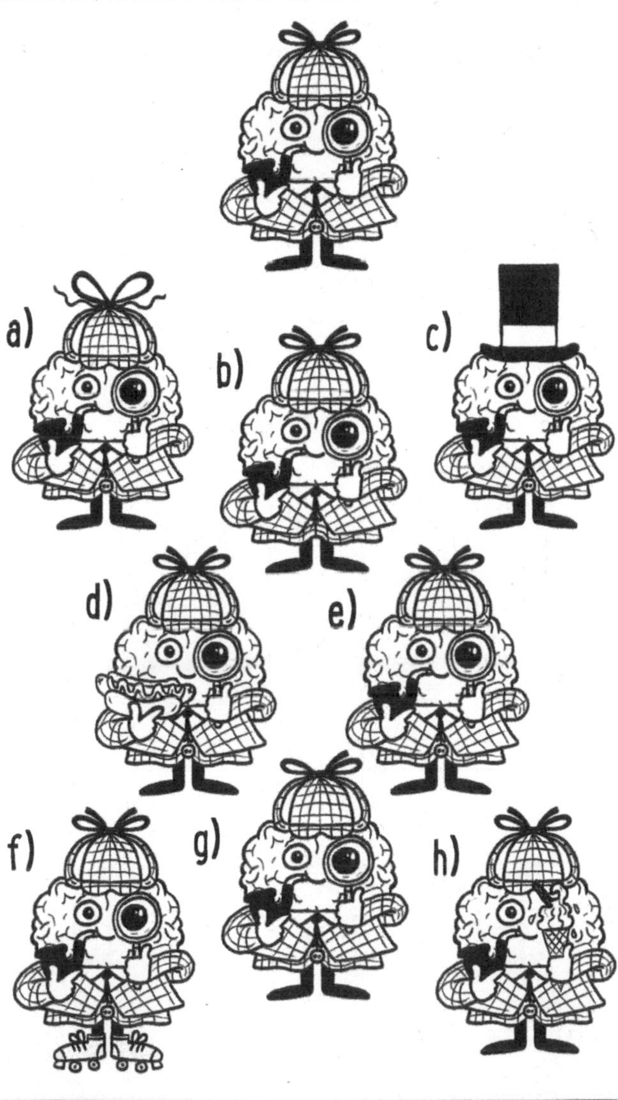

JUEGO MENTAL 32

Para completar el juego de la siguiente página, tienes que construir puentes entre las diferentes «islas».

REGLAS

- Los puentes que dibujes solo pueden ser horizontales o verticales. Cada isla tiene un número, que representa cuántos puentes conectan con ella.
- Los puentes no pueden cruzarse entre sí ni con una isla.
- Cada línea representa un puente, y cada puente solo puede conectar dos islas.
- Tienes que construir los puentes de modo que sea posible ir de una isla a otra usando solo los puentes que has creado.

En este ejemplo ya solucionado verás cómo funciona:

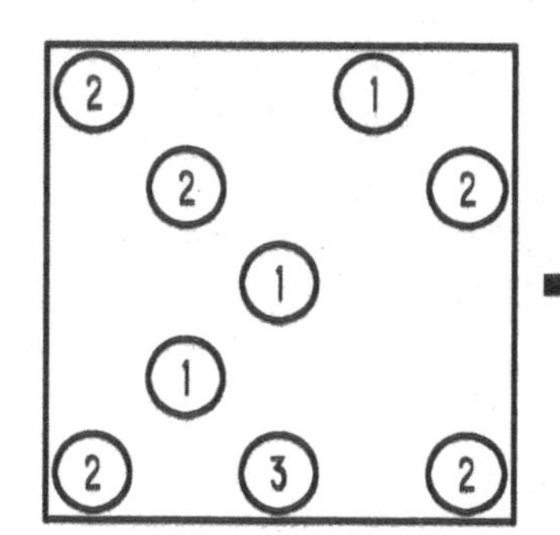

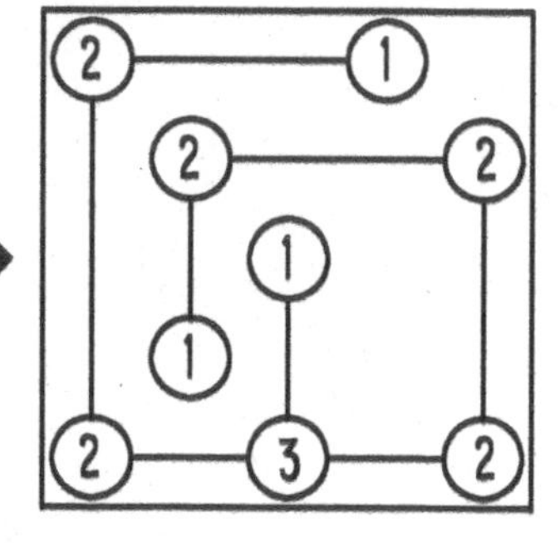

TIEMPO ....

JUEGO MENTAL 33

TIEMPO ....

Aquí hay algo que no cuadra: estas operaciones matemáticas son incorrectas. Usa tu capacidad de deducción para descubrir el número que sobra en cada operación y elimínalo. Así conseguirás que la operación sea correcta.

Por ejemplo, la suma 12 + 3 = 4 sería correcta si eliminas el 2, de modo que quede 1 + 3 = 4.

a) 5 x 12 + 9 = 14 ....

b) 10 + 20 + 30 + 40 = 90 ....

c) 23 + 34 + 45 = 82 ....

d) 91 + 19 + 28 + 82 = 200 ....

JUEGO MENTAL 34

¿Puedes resolver este rompecabezas? Parece que todas estas imágenes sean idénticas, pero en realidad solo hay cuatro pares de cerebritos que son iguales entre ellos. Encuentra las diferentes parejas y relaciónalas con una línea.

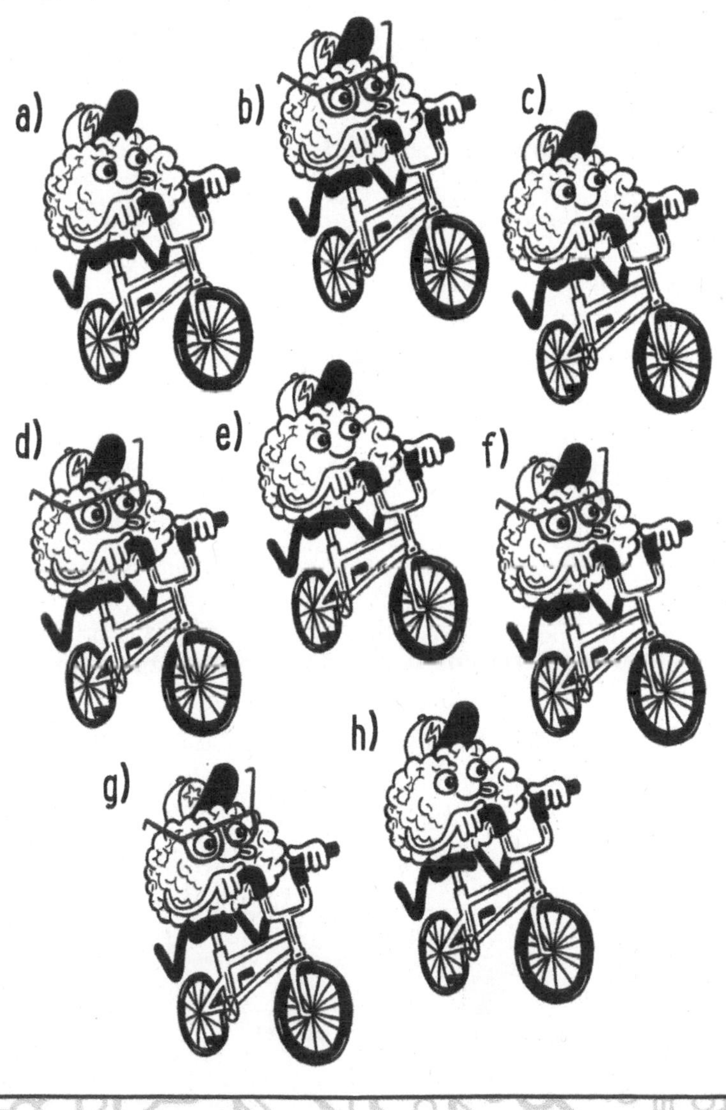

JUEGO MENTAL 35

Un anagrama es una palabra que se forma usando las letras de otra palabra, pero en un orden diferente. Por ejemplo, **AMOR** es un anagrama de **ROMA**.

¿Puedes encontrar la palabra que falta en cada caso? Es un anagrama de la palabra en mayúsculas. ¡No te olvides de cronometrar el tiempo que tardas en resolverlo!

a) He ido a dar un paseo con **MÓNICA** por el ....

b) ¿Alguien sabe cómo se dice .... en **JAPONÉS**?

c) Estoy seguro de que **MARTA** .... algo.

d) ¡Qué envidia! **SUSANA** se ha ido a un balneario donde hay muchas ....

e) Tengo que **ANIMAR** a .... para que se venga al cine conmigo.

f) En mi **CUARTO** tengo .... pósteres de mi peli favorita.

g) Quería un gato, pero como no sabía de qué **RAZA** lo he escogido al .... ¡Es muy bonito!

h) ¡Mi tía estaba de crucero y se ha desmayado porque ha visto una **COBRA** enorme en el ....!

 TIEMPO ....

Se han mezclado los nombres de tres animales en el caldero. ¿Puedes encontrar las letras que forman sus nombres? Hay que usar todas las letras del caldero, pero solo una vez.

Por ejemplo, podrías usar las letras T, O, R y O para formar TORO, pero entonces no podrías escribir los nombres de otros dos animales, así que no es la respuesta correcta. ¡Venga, manos a la obra!

....

JUEGO MENTAL 37

Para resolver este sudoku-Tetris, tienes que completar la cuadrícula con los números del 1 al 4 de modo que no se repita el mismo número en cada columna, fila y forma resaltada.

a)

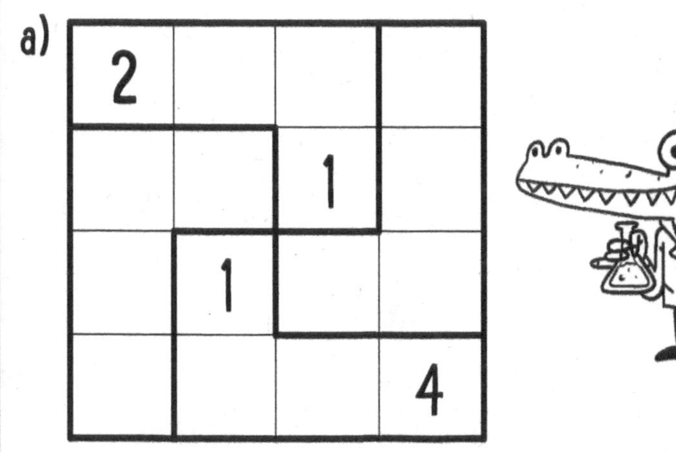

b)

		4	
		3	2
2	3		
	4		

 TIEMPO ....

JUEGO MENTAL 38

¡Este juego te dejará boquiabierto! Si repasas las líneas discontinuas que ya están dibujadas, ¿eres capaz de dividir la imagen en cuatro formas exactamente iguales sin que quede ningún cuadrado suelto? Imagínatelo: si recortaras las cuatro formas y las giraras para que quedaran en la misma posición, tendrían que ser idénticas.

En este ejemplo ya resuelto podrás ver cómo funciona:

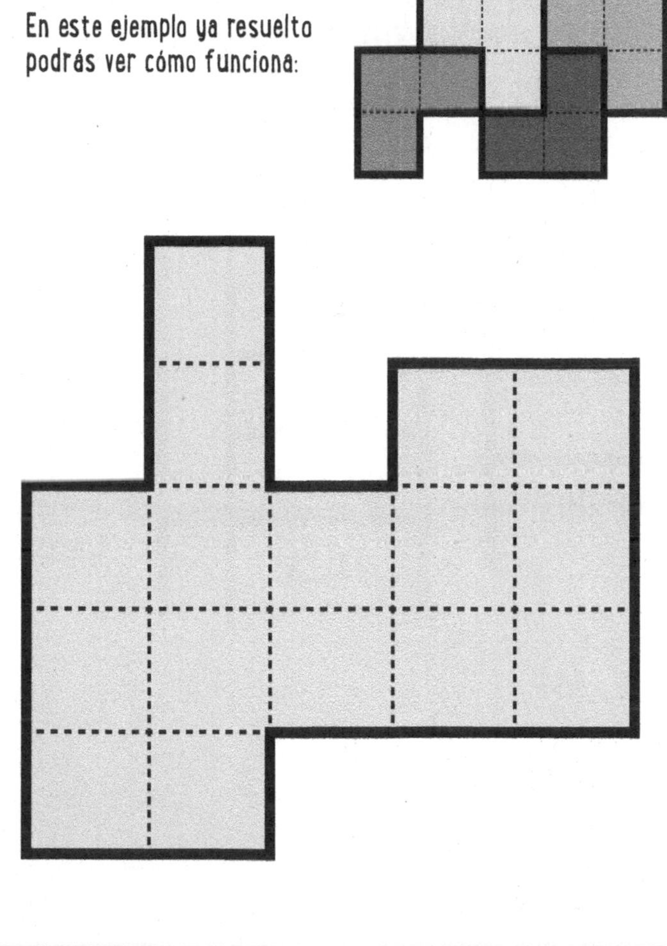

JUEGO MENTAL 39

Para este juego necesitarás concentrar toda tu capacidad intelectual para trepar por la escalera. Solo tienes que ir de un extremo de la escalera al otro rellenando los espacios en blanco con palabras nuevas.

Cada palabra tiene que tener las mismas letras que la anterior, excepto que una de ellas se ha cambiado por otra para formar una palabra nueva. Puede que no estén en el mismo orden.

Por ejemplo, podrías ir de ROSAS a COSTA así:

ROSAS ➡ ROCAS ➡ CASCO ➡ COSTA

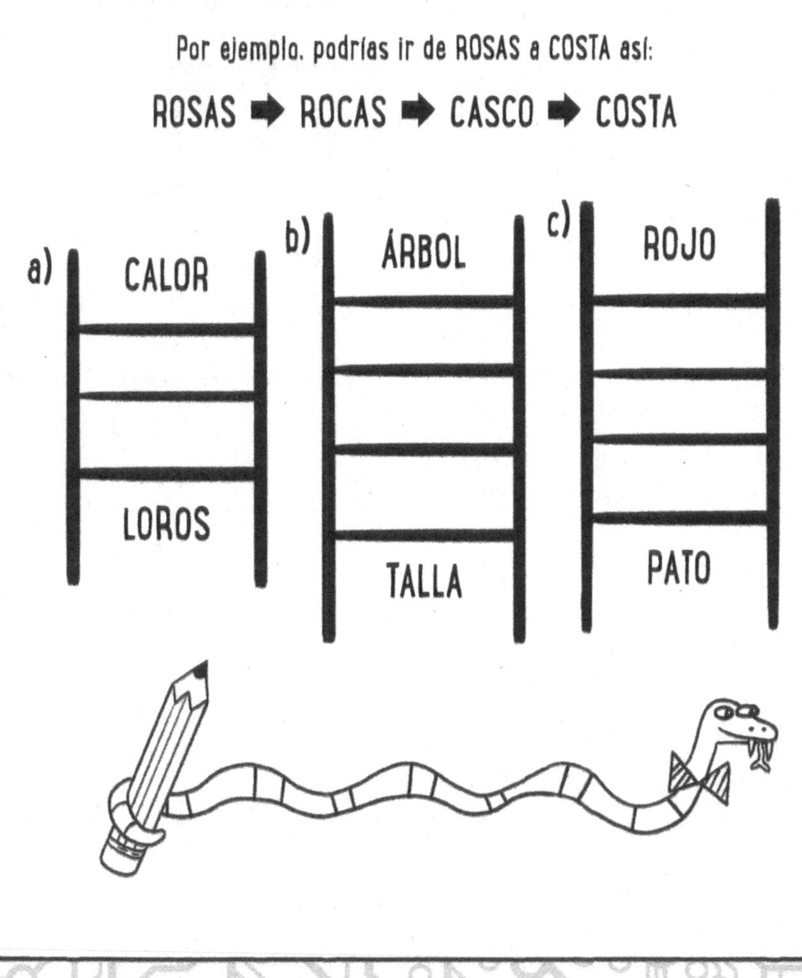

TIEMPO ....

JUEGO MENTAL 40

En este prado tenemos cuatro árboles, cuatro ovejas y cuatro pacas de heno. ¿Puedes dibujar tres líneas perfectamente rectas para dividir el prado en cuatro zonas independientes, de modo que en cada zona haya un árbol, una oveja y una paca de heno?

JUEGO MENTAL 41

TIEMPO ....

Para encontrar la solución a este juego tendrás que darle algunas vueltas. De cada imagen (1-3), tienes que encontrar la forma (a-c) que se corresponde al giro indicado. Cuando halles la solución, rodéala con un círculo.

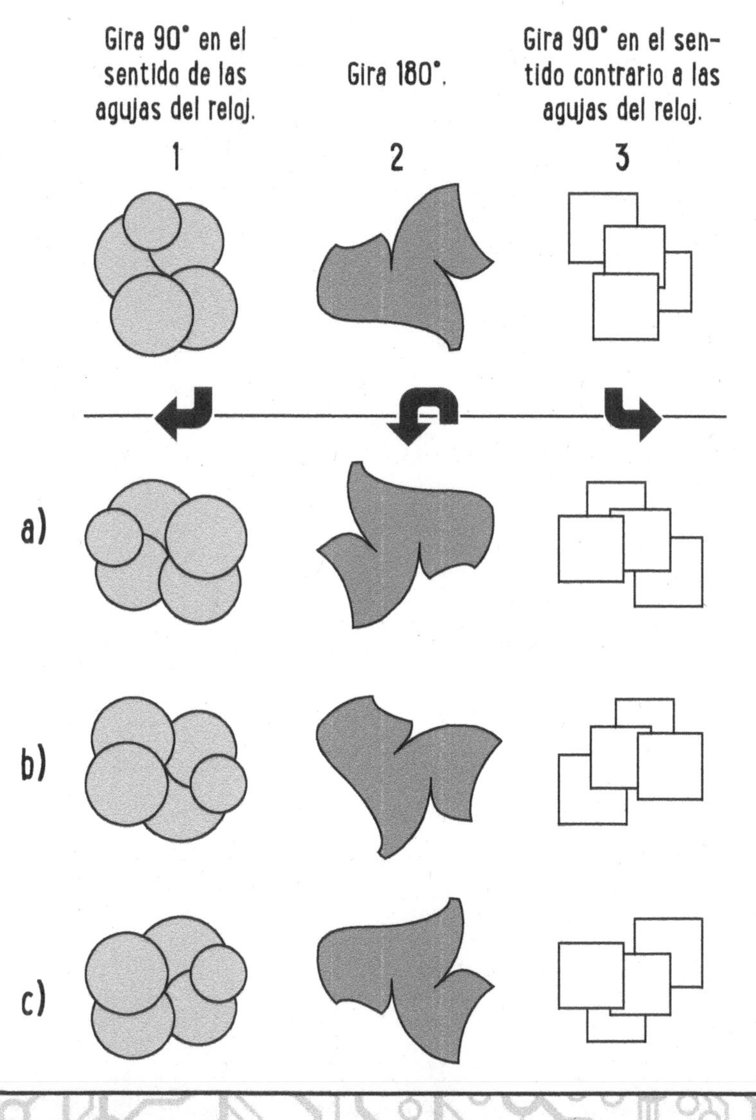

TIEMPO ....

JUEGO MENTAL 42

Para resolver este sudoku, escribe un número del 1 al 6 en cada casilla de modo que en cada fila, columna y rectángulo resaltado de 3 × 2 no se repita ningún número.

En este sudoku ya resuelto podrás ver cómo funciona:

		1	4		
	4			3	
6					4
5					2
	5			4	
		3	6		

➡

3	6	1	4	2	5
2	4	5	1	3	6
6	3	2	5	1	4
5	1	4	3	6	2
1	5	6	2	4	3
4	2	3	6	5	1

2					3
		6	4		
	3			5	
	2			3	
		3	2		
1					5

JUEGO MENTAL 43

¡Aprovecha este juego para entrenar la memoria!

Una manera muy útil de recordar cosas es hacer una lista, coger la primera letra de cada palabra y formar una palabra nueva. Aquí tenemos una lista de la compra que tenemos que intentar memorizar:

Calabacín
Atún
Berenjena
Espinacas
Zanahorias
Arroz

Con la primera letra de cada palabra podemos formar la palabra **CABEZA**.

Vuelve a leer la lista y después tápala. ¡A ver si puedes recordar todo lo que hay que comprar! Utiliza la palabra **CABEZA** para recordar la primera letra de cada producto. ¡Preparados, listos, a escribir!

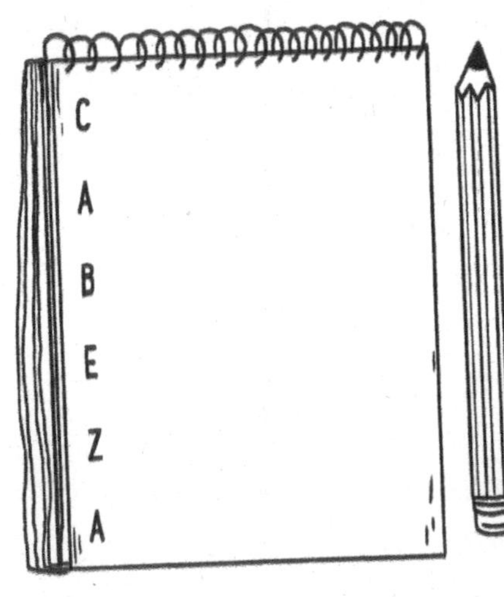

¿Puedes resolver el misterio del cubo? El bloque de cubos ha empezado con la siguiente disposición: 5 × 4 × 4 cubos. Obsérvalo:

CONSEJO: intenta contar los cubos capa por capa. Por ejemplo, ¿cuántos cubos hay en la capa inferior? Al final, suma el número de cubos que hay en cada capa y obtendrás el resultado.

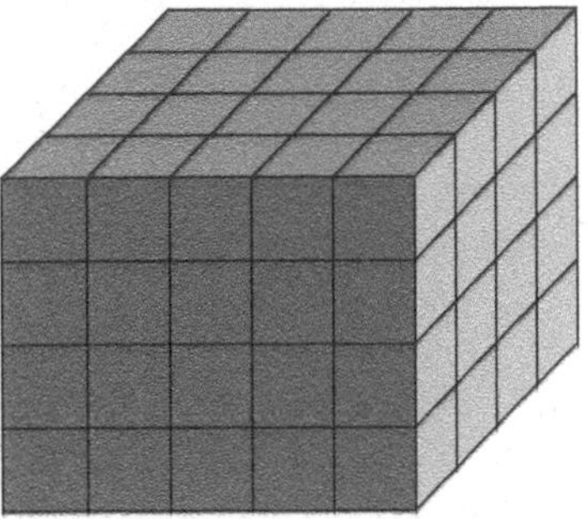

Pero se han eliminado algunos cubos. ¿Eres capaz de contar cuántos cubos quedan? No hay ninguno que quede «flotando» en el aire, así que, si ves un cubo en una capa superior, seguro que hay cubos en las capas inferiores, aunque no los veas.

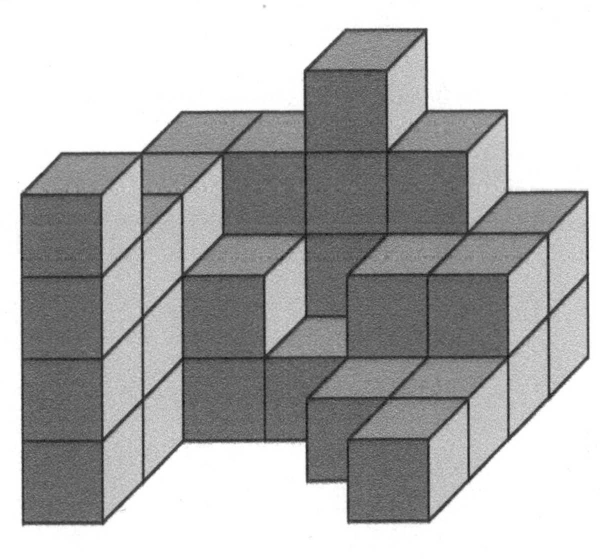

Hay .... cubos.

JUEGO MENTAL 45

¿Puedes completar el *kakuro* de la página siguiente? Hay que escribir un número del 1 al 9 en las casillas en blanco, pero no es tan sencillo.

REGLAS

- El numerito que aparece en una esquina de las casillas sombreadas (el «número clave») indica cuánto deben sumar los números que escribas en las siguientes casillas en blanco.
- Si el número clave está por encima de la raya diagonal, es que indica el total de las casillas blancas que tiene a la derecha. Si está por debajo de la raya diagonal, indica el total de las casillas blancas que tiene justo debajo.
- No puedes repetir el mismo número en las casillas en blanco que forman parte de la misma suma. Por ejemplo, podrías llegar al 4 sumando 1 + 3, pero no sumando 2 + 2.

En este *kakuro* ya resuelto podrás ver cómo funciona:

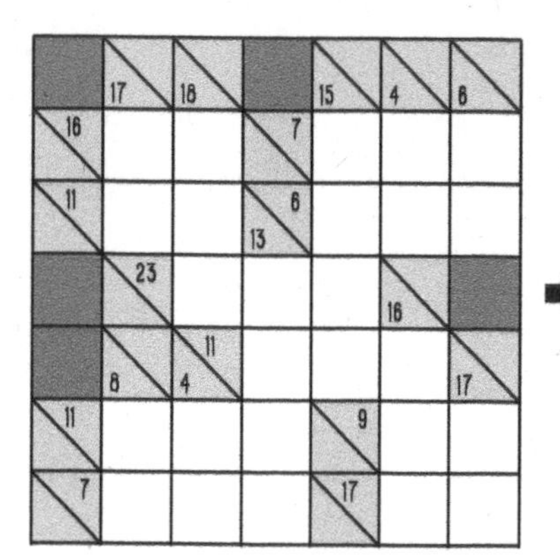

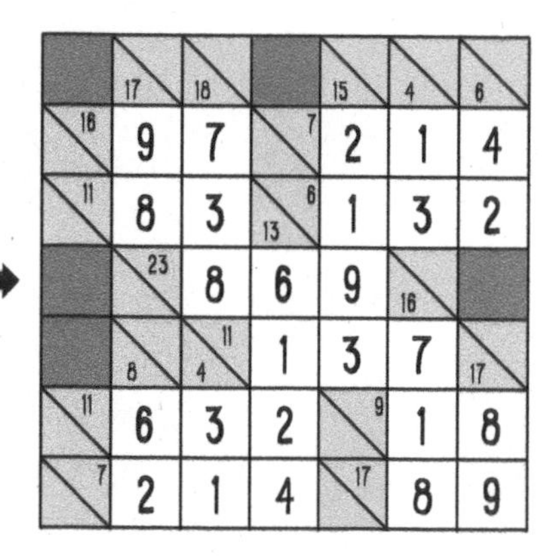

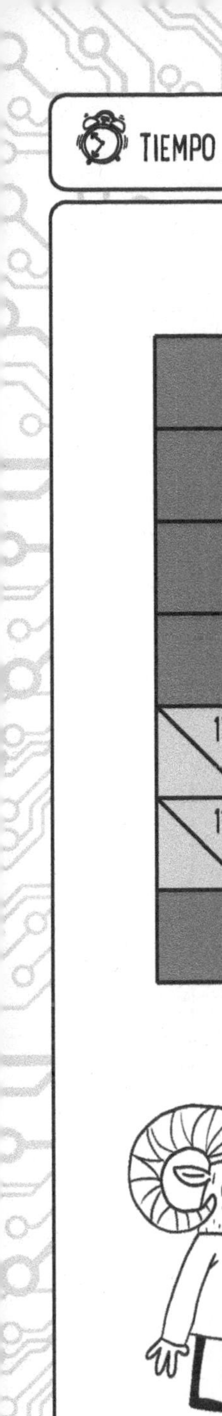

TIEMPO ....

■	■	3\	10\	■	■	■
■	\3			■	4\	3\
■	\4			21\4		
■	12\	3\10				
\13					3\	■
\11			\11			■
■	■	■	\3			■

JUEGO MENTAL 46

Ha llegado el momento de enfrentarse al difícil reto del alfabeto. Escribe las letras A, B y C en cada columna y fila de la cuadrícula que tienes en la página siguiente.

Las letras que bordean la cuadrícula indican qué letra debes escribir en la casilla más próxima que rellenes de esa columna o fila.

REGLAS

- En cada columna y fila solo quedará una casilla sin rellenar.
- En cada columna y fila solo puede haber una letra de cada.

En este ejemplo ya resuelto podrás ver cómo funciona:

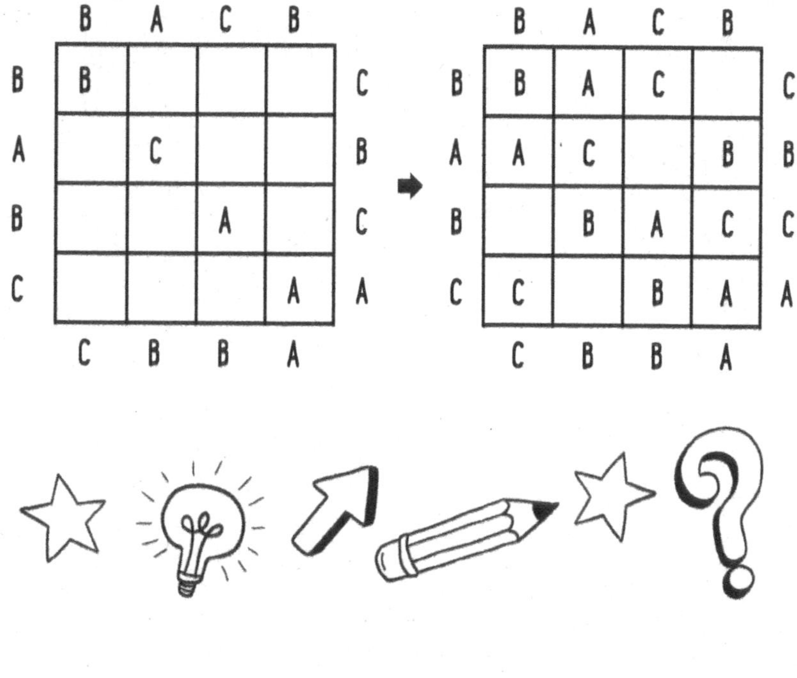

	B	A	C	B	
B	B				C
A		C			B
B			A		C
C				A	A
	C	B	B	A	

	B	A	C	B	
B	B	A	C		C
A	A	C		B	B
B		B	A	C	C
C	C		B	A	A
	C	B	B	A	

TIEMPO
B A B
C
A C B
C A
A
C B C A

JUEGO MENTAL 47

¿Te atreves con este *hanjie*? Tienes que colorear las casillas correctas de la cuadrícula de la siguiente página para revelar la imagen oculta.

REGLAS

- El número al lado de cada columna y fila te indica cuántas casillas tienes que colorear.
- Si solo hay un número, indica cuántas casillas seguidas hay que colorear de esa fila o columna. El resto de las casillas quedarán en blanco.
- Si hay más de un número, cada uno indica cuántas casillas seguidas hay que colorear, y entre ambos grupos de casillas coloreadas debe quedar como mínimo una casilla en blanco.

En este *hanjie* ya resuelto verás cómo funciona:

Por ejemplo, aquí hay una casilla coloreada, seguida por una o varias casillas en blanco, y después dos casillas más coloreadas.

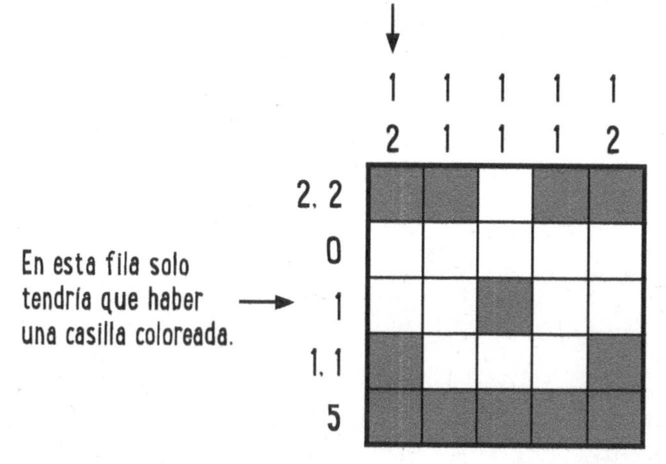

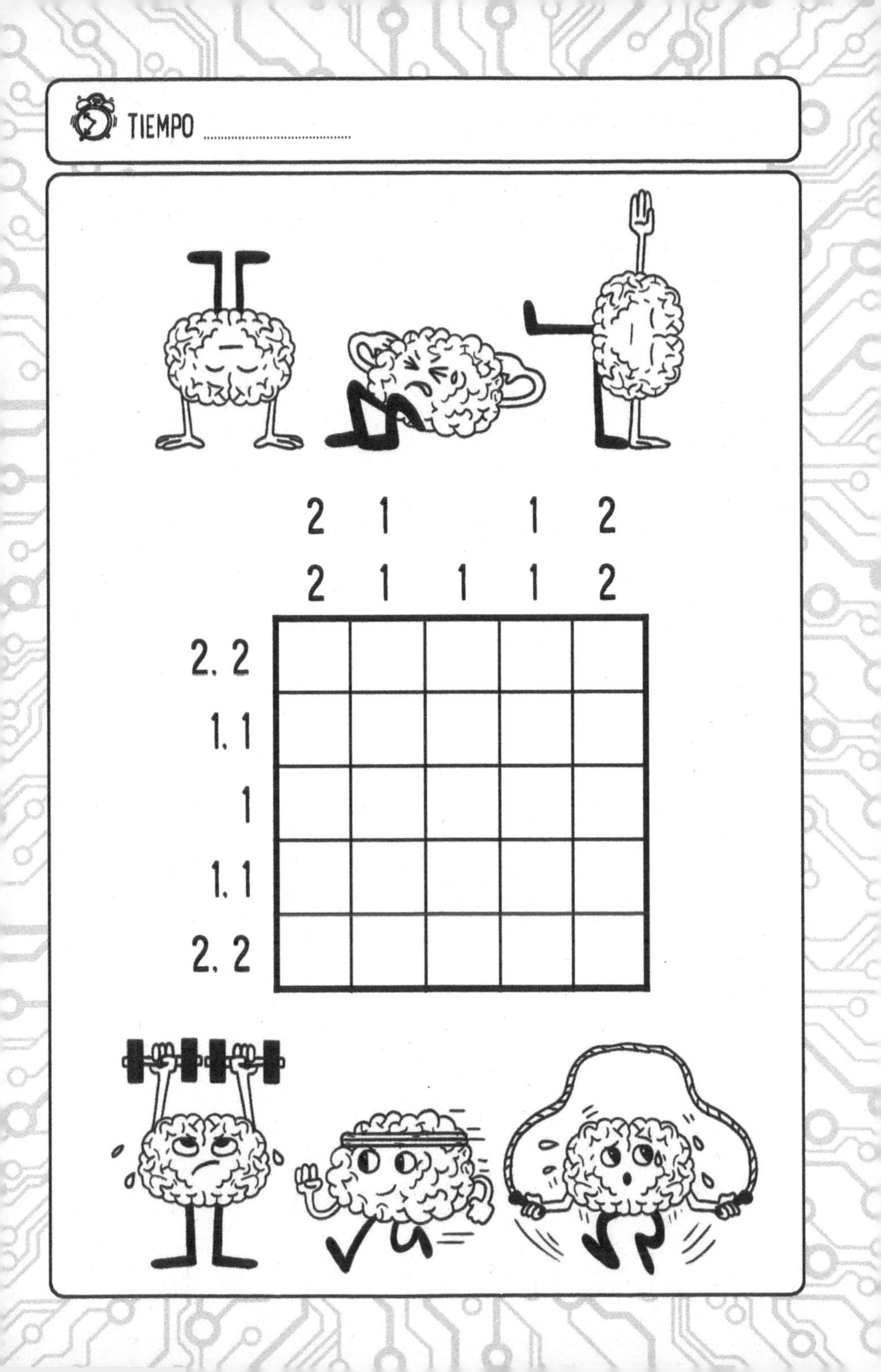
TIEMPO
2 1 1 2
2 1 1 1 2
2. 2
1. 1
1
1. 1
2. 2

JUEGO MENTAL 48

Para resolver el *calcudoku* de la siguiente página, debes escribir los números del 1 al 3 en cada columna y fila, sin repetirlos. El objetivo es que, si sumas todos los números de cada forma resaltada, el resultado sea el numerito que hay escrito en la esquina izquierda superior de cada forma.

En este ejemplo verás cómo funciona:

Los números 1, 2 y 3 aparecen una vez en cada columna y fila.

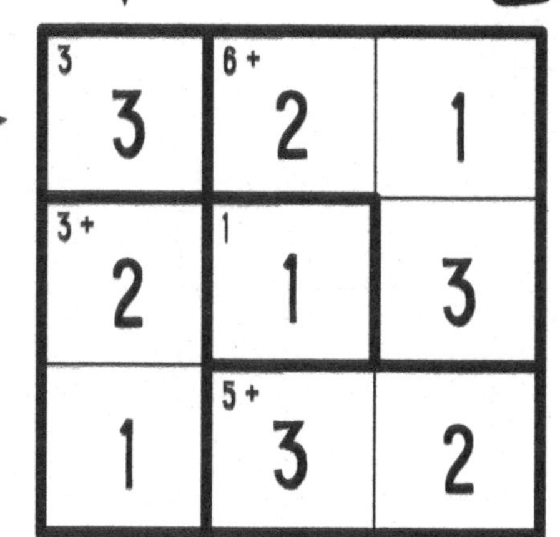

Si sumamos los números de cada forma resaltada, el resultado es el numerito que está escrito en la esquina. Por ejemplo, 3 + 2 = 5.

TIEMPO
1
5 +
5 +
3 +
4 +

JUEGO MENTAL 49

¡Es hora de hacer magia con las imágenes! Usa la imaginación para descubrir qué aparecería si juntáramos todas las piezas correctamente.

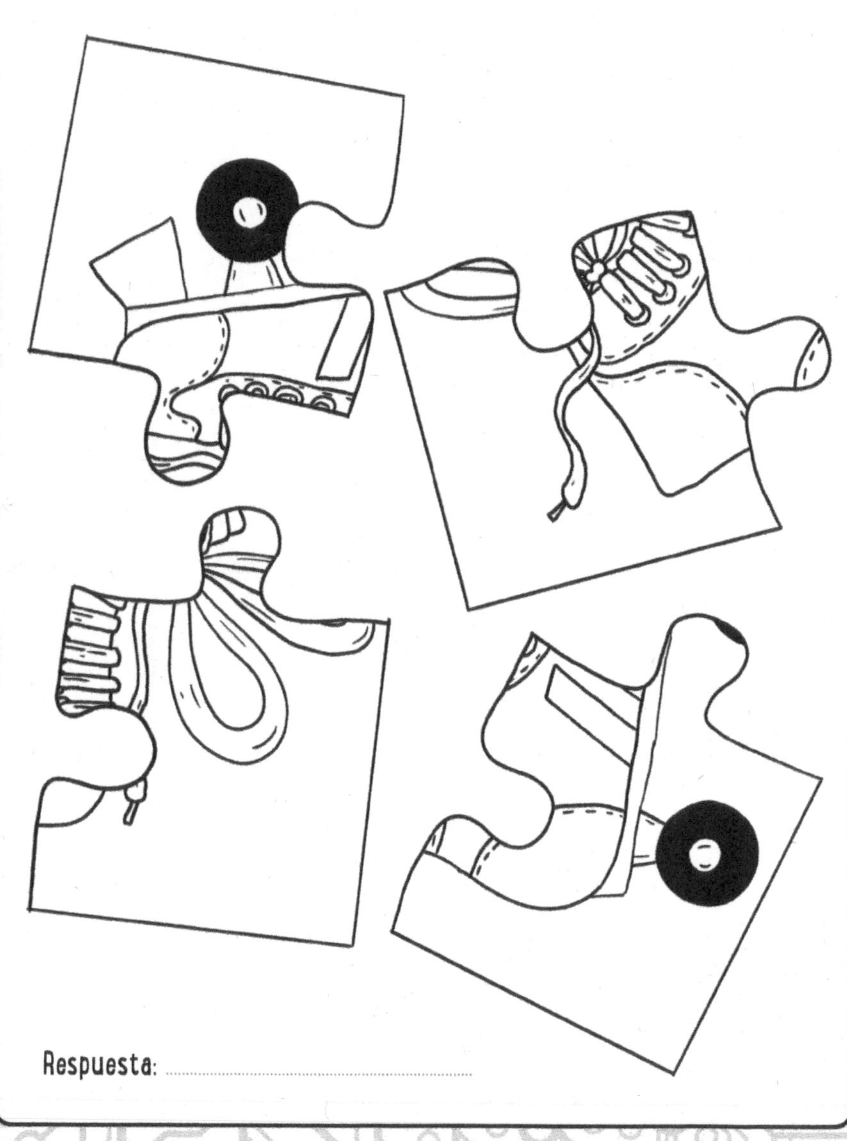

Respuesta: ....

 TIEMPO ....

JUEGO MENTAL 50

Abigail, Brent y Charlie cumplen años el mismo día. En su último cumpleaños, Abigail hizo las siguientes observaciones:

- Si sumas mi edad y la de Charlie, el resultado es la edad de Brent.
- Dentro de un año, Charlie tendrá la mitad de años que Brent ahora.
- Hace un año, yo tenía la mitad de años que Brent ahora.
- Si sumamos todas nuestras edades, el resultado es 24.

Utiliza tus habilidades detectivescas y la lógica para descubrir cuántos años tiene cada uno.

Abigail tiene .... años.

Brent tiene .... años.

Charlie tiene .... años.

JUEGO MENTAL 51

¿Puedes resolver estas cadenas matemáticas mentalmente, sin escribir nada?

Empieza con el número que hay al principio de la cadena y sigue las flechas, efectuando la operación matemática de cada una de ellas hasta que llegues al final. Entonces, escribe el resultado obtenido en la casilla en blanco.

Por ejemplo, en la primera cadena empiezas con el 21 y lo divides entre 3, después multiplicas el resultado por 7, y así hasta que llegues al final.

a)

TIEMPO ....

JUEGO MENTAL 52

Prepárate para poner a prueba tu cerebro con este reto del dominó. Dibuja sobre las líneas de puntos para crear todas las fichas de dominó que hay en un juego. No puede quedar ni una sola casilla sin emparejar.

Utiliza esta tabla para tachar las fichas de dominó que vayas creando. Las piezas que están marcadas en la cuadrícula ya se han tachado de la tabla.

0	1	2	3	4	5	6	
		X					0
						X	1
							2
					X		3
				X			4
							5
							6

5	0	6	1	2	5	4	0
1	2	3	1	1	3	3	5
2	2	6	6	2	3	6	4
4	0	0	4	4	6	5	1
3	6	0	6	0	2	5	5
4	1	3	5	2	4	6	0
2	1	0	4	3	1	3	5

CONSEJO: puedes usar las fichas que ya se han marcado en la cuadrícula como ayuda. Recuerda que cada ficha de dominó está formada por dos números y que la cuadrícula quedará completamente llena cuando termines.

Agudiza el ingenio y dibuja una sola línea que pase por todas y cada una de las casillas en blanco. Solo puedes usar trazos horizontales y verticales, y la línea no puede cruzarse consigo misma ni puede pasar por la misma casilla más de una vez.

Aquí tienes un ejemplo ya solucionado para que veas cómo funciona:

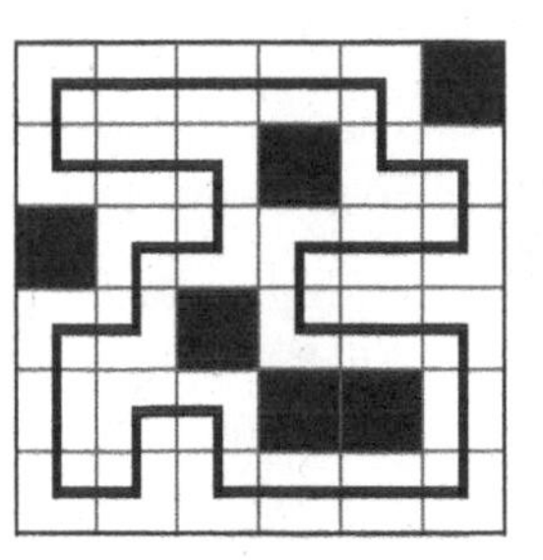

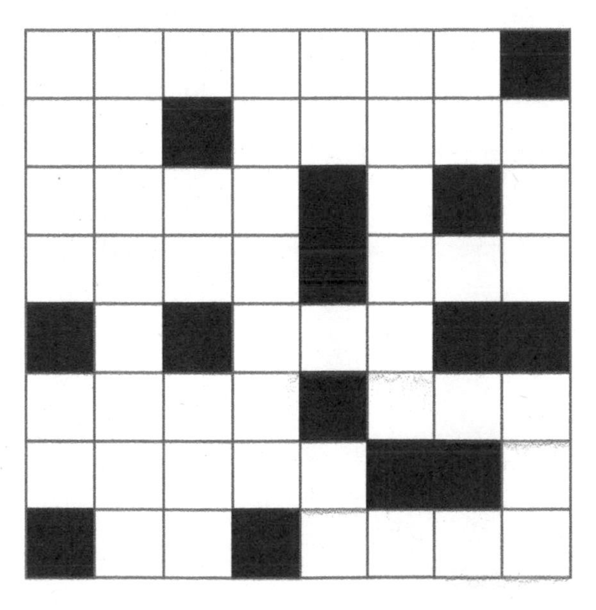

JUEGO MENTAL 54

TIEMPO ....

Dibuja líneas horizontales y verticales para formar parejas de círculos, de modo que cada pareja esté compuesta por un círculo blanco y otro coloreado.

REGLAS

- Las líneas no pueden cruzarse entre ellas ni pueden pasar por encima de un círculo.
- Cada círculo solo puede formar parte de una pareja.

Aquí tienes un ejemplo ya solucionado para que veas cómo funciona:

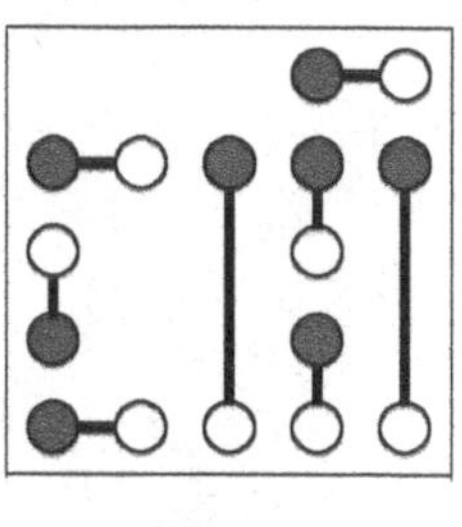

¿Puedes completar este reto de las formas geométricas? Tienes que dibujar un caminito que una cada pareja de formas iguales.

REGLAS

- Los caminos no pueden cruzarse ni tocarse entre ellos.
- Por cada casilla solo puede pasar un camino.
- Cada camino puede estar formado por tramos verticales y horizontales. ¡Pero no en diagonal!

a)

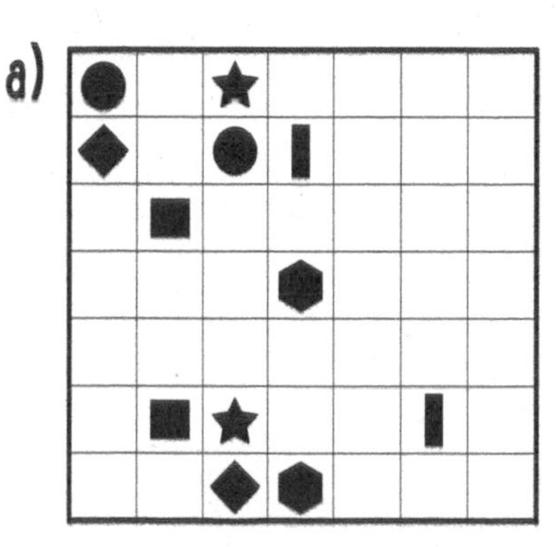

b)

JUEGO MENTAL 56

TIEMPO ....

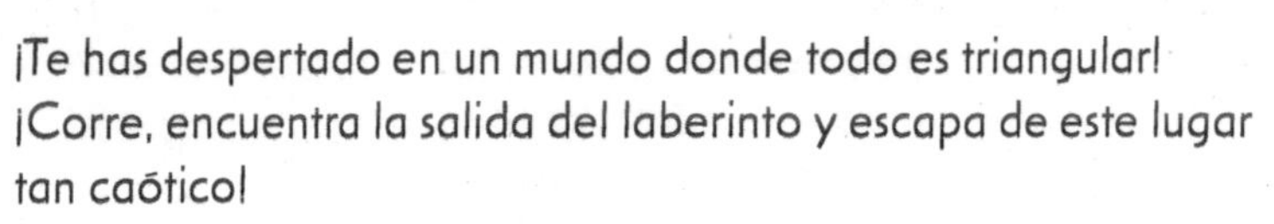

¡Te has despertado en un mundo donde todo es triangular! ¡Corre, encuentra la salida del laberinto y escapa de este lugar tan caótico!

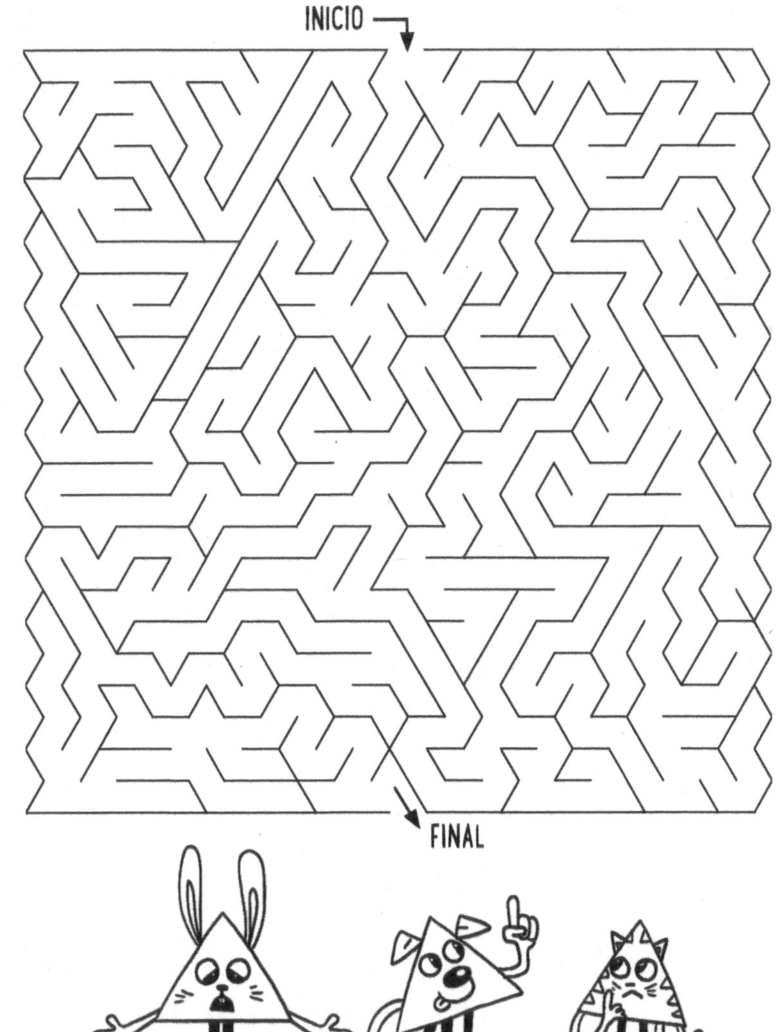

Para resolver este sudoku en X, tienes que completar la cuadrícula de modo que en cada columna, fila, línea diagonal y recuadro resaltado de 3 × 2 aparezcan todos los números del 1 al 6 sin repetirse.

Aquí tienes un ejemplo para que veas cómo funciona:

		3	1		
	3	4	2	1	
	6	1	3	5	
		5	6		

➡

6	1	2	4	3	5
4	5	3	1	6	2
5	3	4	2	1	6
2	6	1	3	5	4
1	4	5	6	2	3
3	2	6	5	4	1

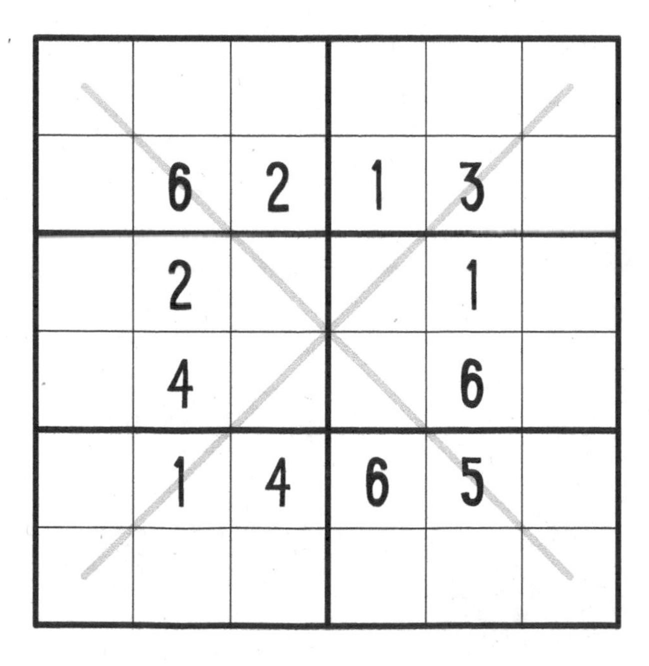

	6	2	1	3	
	2			1	
	4			6	
	1	4	6	5	

JUEGO MENTAL 58

TIEMPO ....

¿Puedes unir todos los puntos con una sola línea? Puede tener trazos horizontales o verticales, pero no puede cruzarse consigo misma ni tocarse. Ya hay algunos trazos dibujados para que tengas una ayudita inicial.

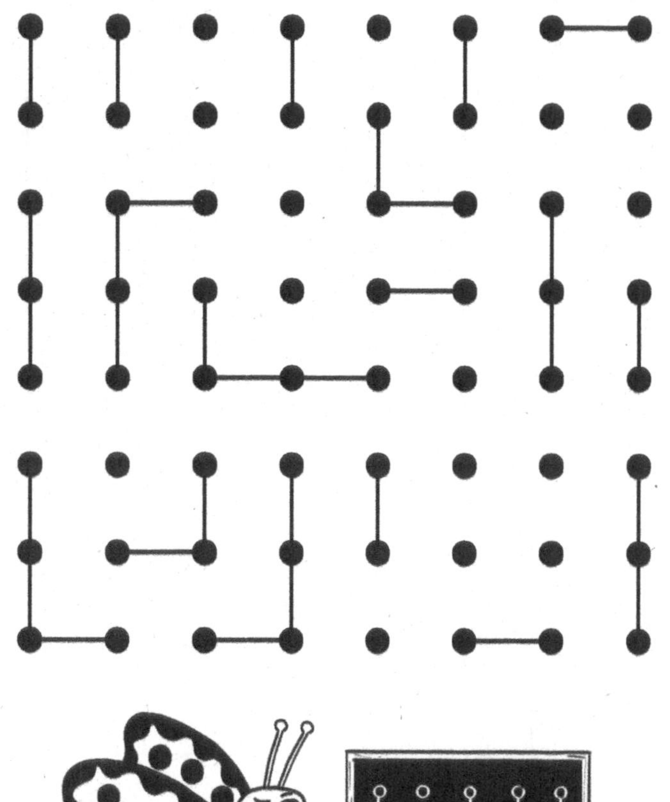

TIEMPO ....

JUEGO MENTAL 59

Escribe un 0 o un 1 en cada casilla en blanco de la cuadrícula que tienes a continuación, de modo que queden el mismo número de 0 y de 1 en cada fila y columna. No puedes tener más de dos números iguales seguidos en ninguna fila ni columna. Por ejemplo, puedes escribir «0, 0, 1, 1, 0, 1» pero no «0, 0, 1, 1, 1, 0».

0			0		1
0		1	1		
1			1	1	
	1	1			1
		1	1		0
1		0			0

JUEGO MENTAL 60

Divide la cuadrícula del final de la página en diferentes formas del Tetris agrupando varias casillas en blanco.

En el Tetris hay cinco formas diferentes, que son estas:

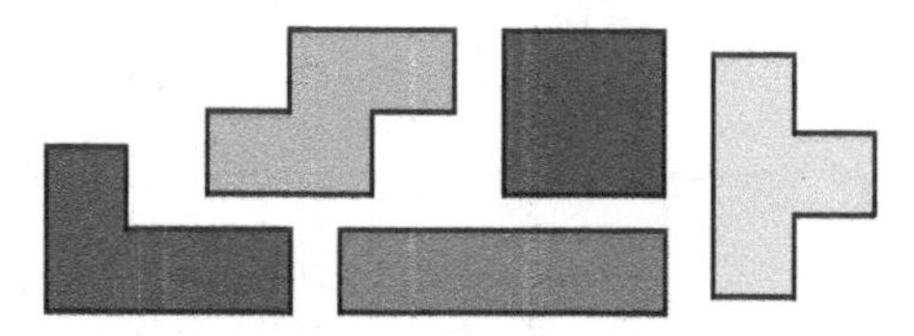

Quizás no necesites usar las cinco formas o se repita alguna. Debes utilizar todas las casillas en blanco, no puede quedar ninguna suelta.

REGLAS

- No puedes usar las casillas negras para crear ninguna forma.
- Si hay dos formas iguales, solo pueden tocarse en diagonal.

Este ejemplo ya resuelto te permitirá ver cómo funciona:

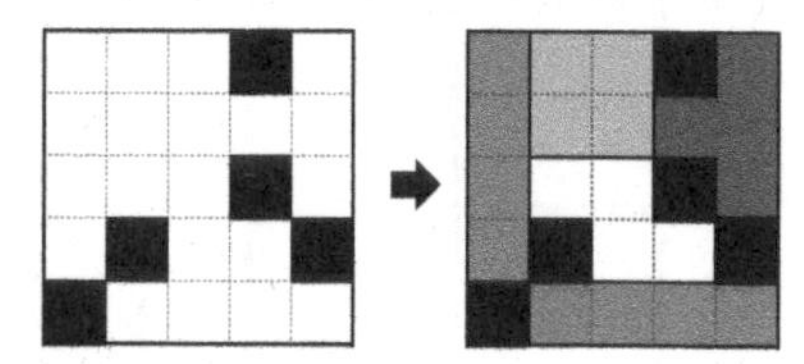

TIEMPO ....

JUEGO MENTAL 61

Escribe un número del 1 al 6 en cada casilla en blanco, de modo que cada número salga solo una vez en cada columna y fila. No puede haber dos números idénticos que se toquen en diagonal.

Aquí tienes un juego resuelto para que veas cómo funciona:

		2	3		
	4			5	
1					6
5					4
	1			6	
		6	1		

➡

6	5	2	3	4	1
3	4	1	6	5	2
1	2	5	4	3	6
5	6	3	2	1	4
2	1	4	5	6	3
4	3	6	1	2	5

1					5
		1	5		
	3			6	
	2			4	
		6	3		
3					6

JUEGO MENTAL 62

TIEMPO ....

Los nombres de tres números se han mezclado en el caldero. ¿Puedes encontrar las letras que forman esos nombres? Tendrás que usar todas las letras una sola vez.

Por ejemplo, podrías usar las letras **S**, **I**, **E**, **T** y **E** para formar la palabra **SIETE**, pero entonces no podrías escribir los nombres de otros dos números, así que esta no es la respuesta correcta. ¡Venga, manos a la obra!

....

TIEMPO ....

JUEGO MENTAL 63

Completa la pirámide rellenando todas las casillas en blanco. El número de cada casilla equivale a la suma de las dos casillas que tiene justo debajo.

En esta pirámide ya completada podrás ver cómo funciona:

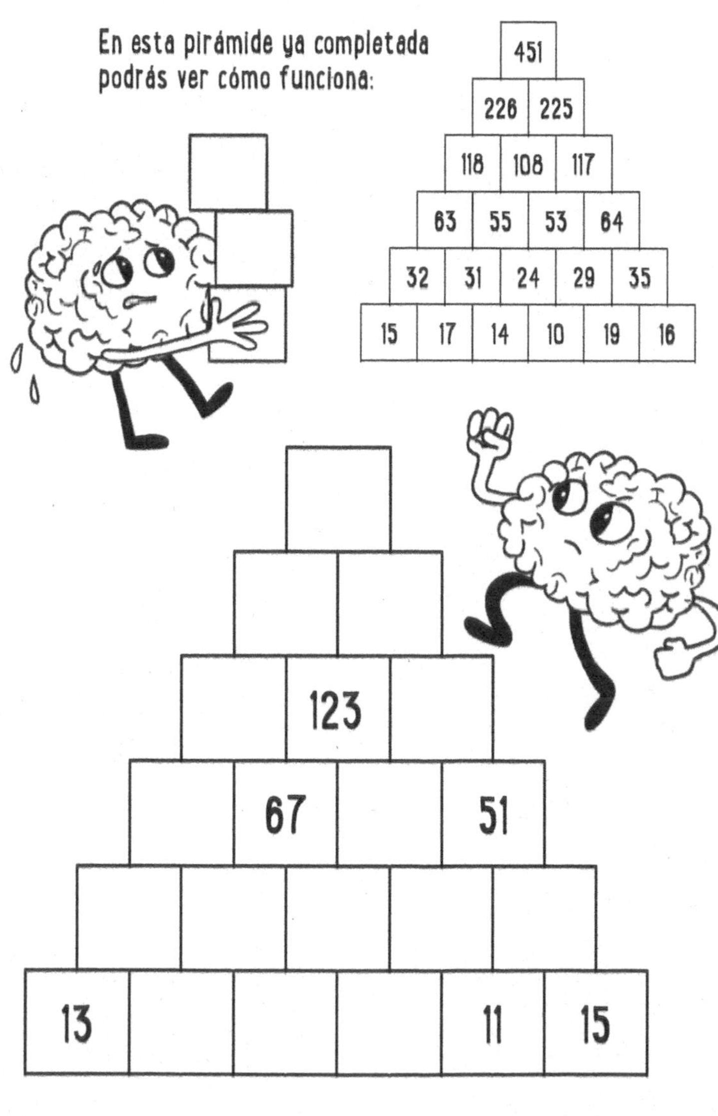

JUEGO MENTAL 64

El objetivo de esta batalla naval es encontrar los barcos ocultos en la cuadrícula. Los barcos pueden ocupar más o menos casillas, y hay varios que miden lo mismo. Tu objetivo es descubrir qué casillas solo contienen agua y cuáles ocultan un barco entero o una parte.

REGLAS

- Cada columna y fila tiene un número al lado que indica cuántas casillas ocultan un barco entero o una parte.
- Los barcos solo pueden estar en vertical o en horizontal.
- Los barcos no se pueden tocar en ningún sentido, ni siquiera en diagonal.

Échale un vistazo a este ejemplo para ver cómo funciona:

1 × acorazado
1 × crucero
2 × destructores
3 × submarinos

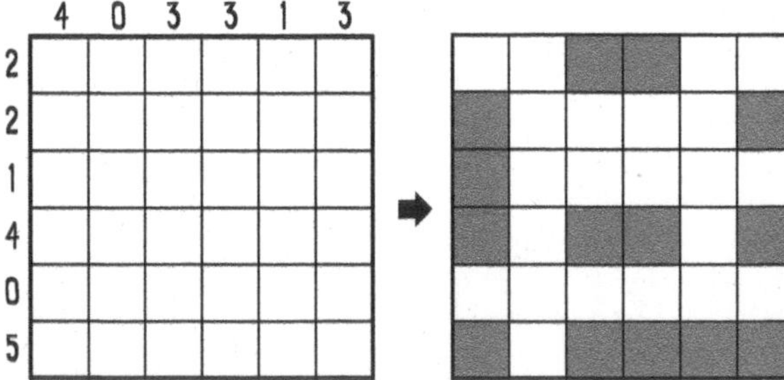

TIEMPO ....

1 × portaaviones
1 × acorazado
1 × crucero
2 × destructores
3 × submarinos

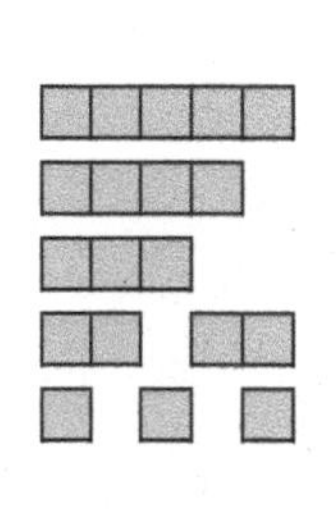

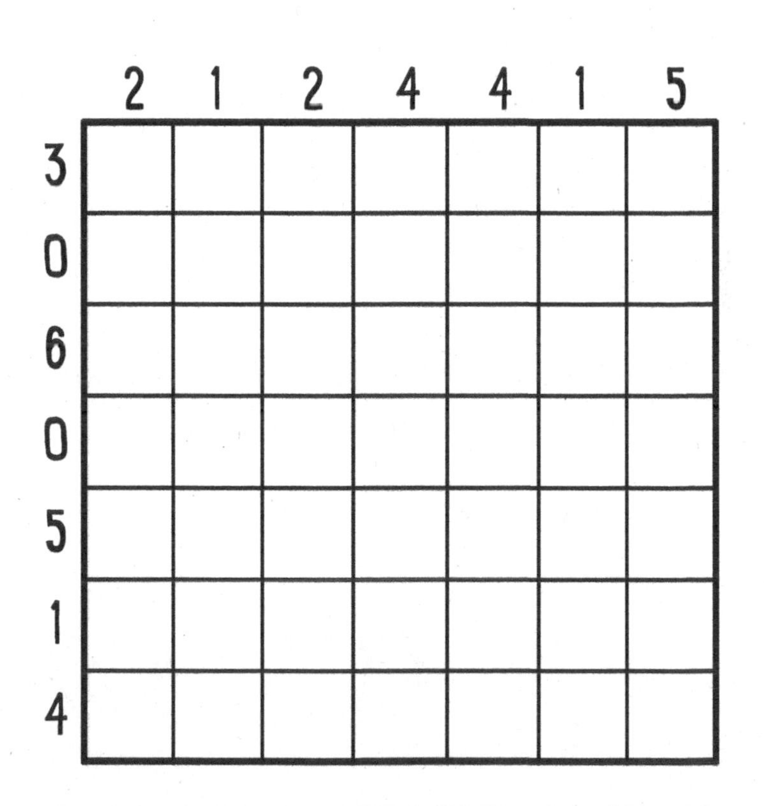

JUEGO MENTAL 65

Para completar el juego de la siguiente página, tienes que construir puentes entre las diferentes «islas».

REGLAS

- Los puentes que dibujes solo pueden ser horizontales o verticales. Cada isla tiene un número, que indica cuántos puentes conectan con ella.
- Los puentes no pueden cruzarse entre sí ni con una isla.
- Cada línea representa un puente, y cada puente solo puede conectar dos islas.
- Tienes que construir los puentes de modo que sea posible ir de una isla a otra usando solo los puentes que has creado.

En este ejemplo ya solucionado verás cómo funciona:

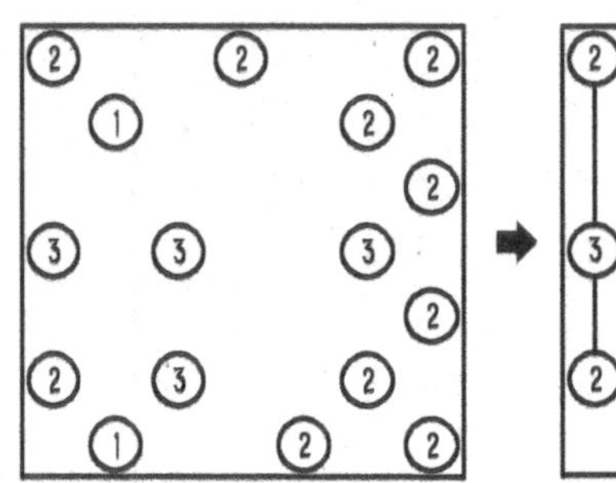

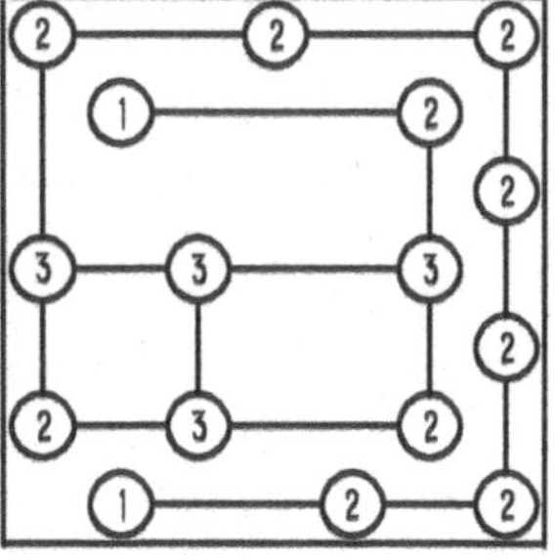

TIEMPO
2 3 3 2
1
1 1
3 4 3
1 3 2
2 2 1

JUEGO MENTAL 66

Completa la cuadrícula que tienes al final de la página con círculos blancos y grises, de modo que puedas ir desde cualquier círculo a otro del mismo color moviéndote hacia la izquierda, la derecha, arriba o abajo.

REGLAS

- No puede haber grupos de 2 × 2 (o más) círculos del mismo color.
- No puedes moverte en diagonal.

Échale un vistazo a este ejemplo ya resuelto para ver cómo funciona:

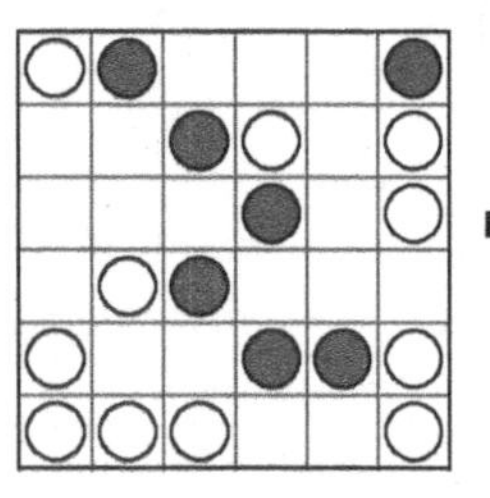

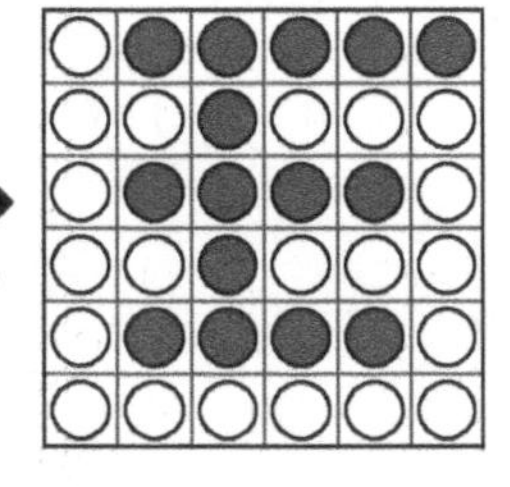

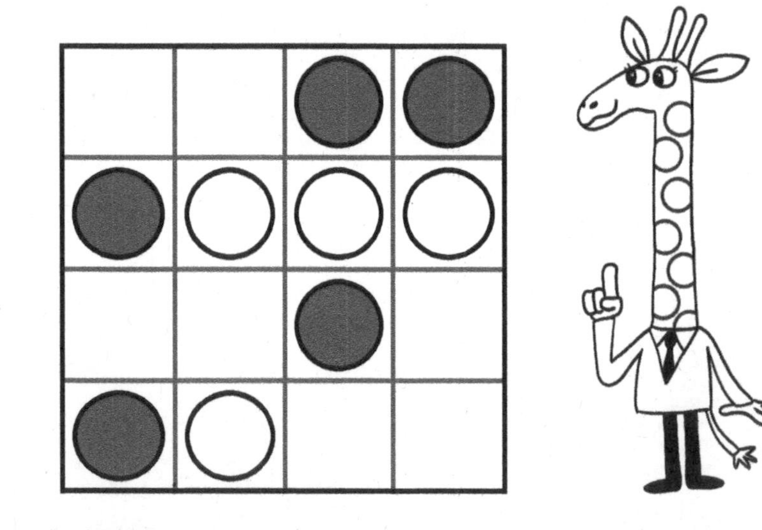

TIEMPO ....

JUEGO MENTAL 67

Estos ladrillos de números te dejarán patidifuso. Tienes que escribir un número del 1 al 5 en cada casilla, de modo que no se repitan en la misma columna y fila. Cada ladrillo de 2 × 1 debe contener un número par y uno impar.

En este ejemplo podrás ver cómo funciona:

		5	2	1
		2		4
			4	5
3	4			
2	5			

➡

4	3	5	2	1
5	1	2	3	4
1	2	3	4	5
3	4	1	5	2
2	5	4	1	3

	4		1	
4				1
		1		
2				5
	5		2	

JUEGO MENTAL 68

Ponte a prueba con este juego aritmético. ¿Puedes sumar algunos de los números que tienes a continuación para obtener los totales que hay al final de la página? Solo puedes usar cada número una vez por respuesta.

Números:

11
15
4
9
17
13
18

Escribe aquí las respuestas:

a) 20 = ...

b) 40 = ...

c) 60 = ...

d) 68 = ...

TIEMPO ....

¡Venga, esto se pone interesante! ¿Cuántos rectángulos puedes encontrar en este rectángulo enorme? Anota todos los que descubras, incluyendo el rectángulo grande que contiene a los demás.

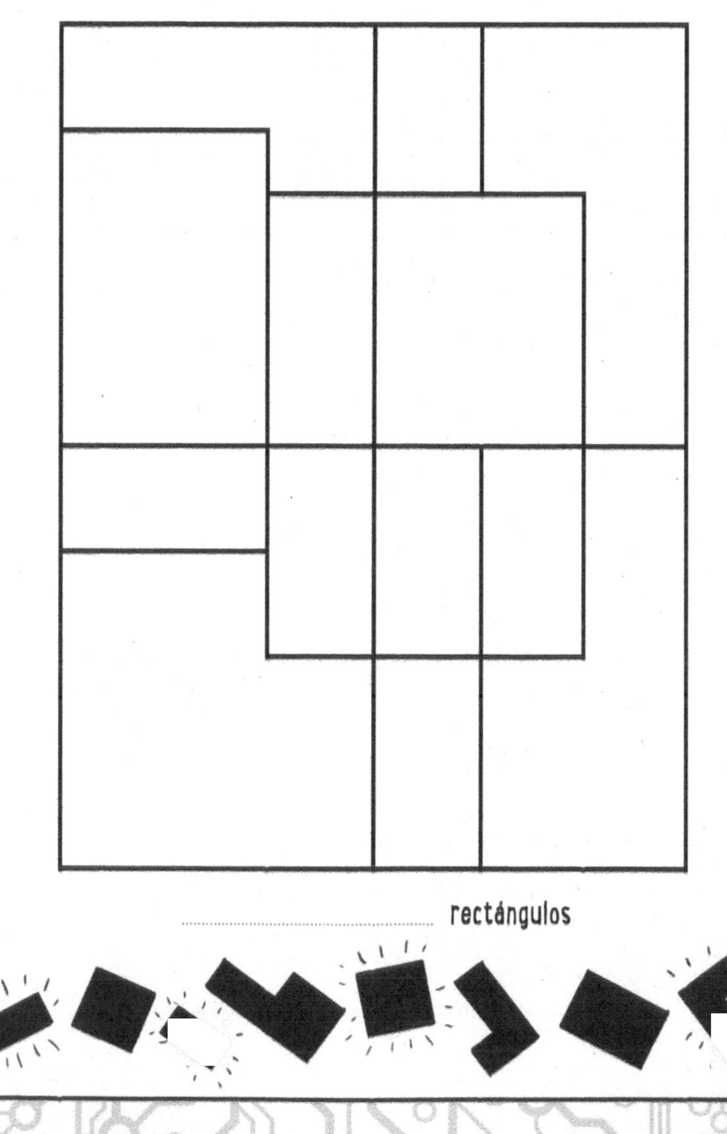

.... rectángulos

JUEGO MENTAL 70

Ha llegado la hora de enfrentarse al supersudoku. Completa la cuadrícula para que aparezcan los números del 1 al 6 sin que se repitan en cada columna, fila y rectángulo destacado de 2 × 3. Los números pares van en las casillas grises y los números impares, en las blancas.

Échale un vistazo a este ejemplo ya resuelto para ver cómo funciona:

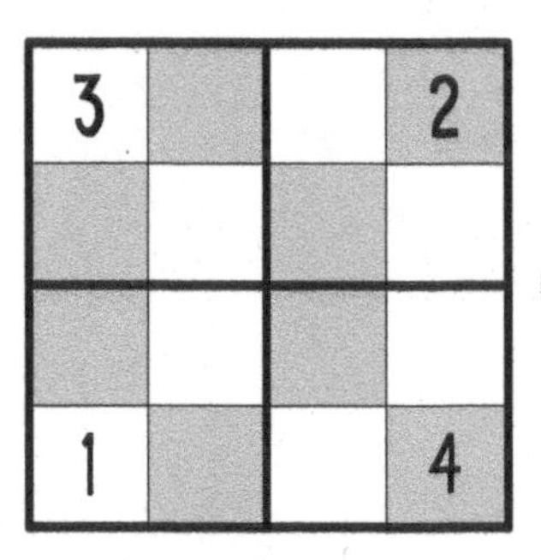

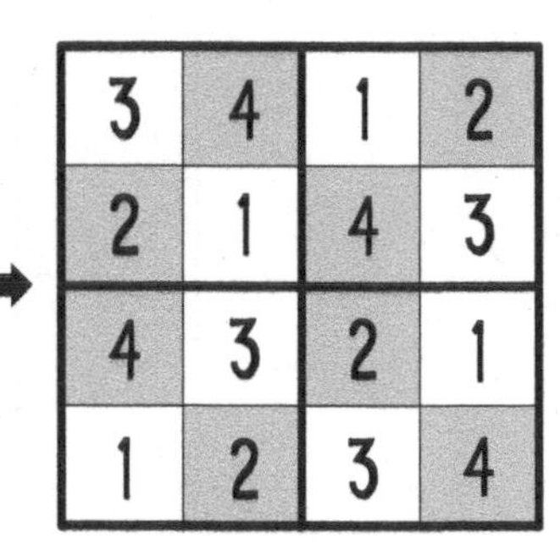

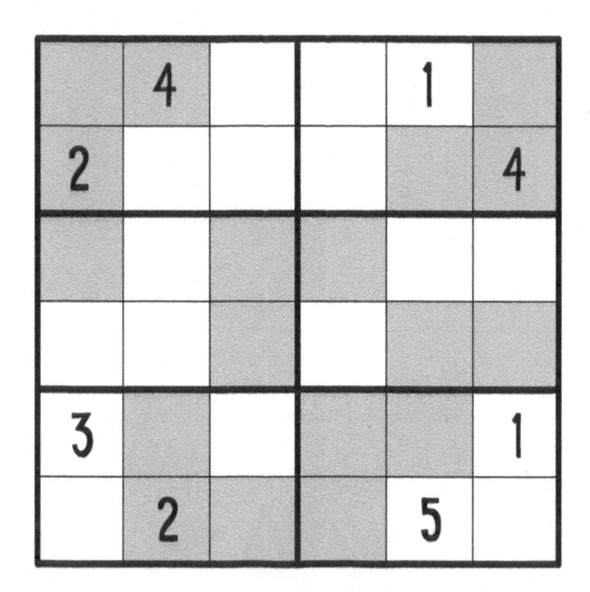

TIEMPO ....

JUEGO MENTAL 71

¿Puedes llegar a los totales que hay abajo sumando un número de cada anillo de la diana?

Por ejemplo, para llegar al 39 puedes escoger el 8 del anillo interior, el 10 del anillo del medio y el 21 del anillo exterior.

Totales:

30 = ...

51 = ...

52 = ...

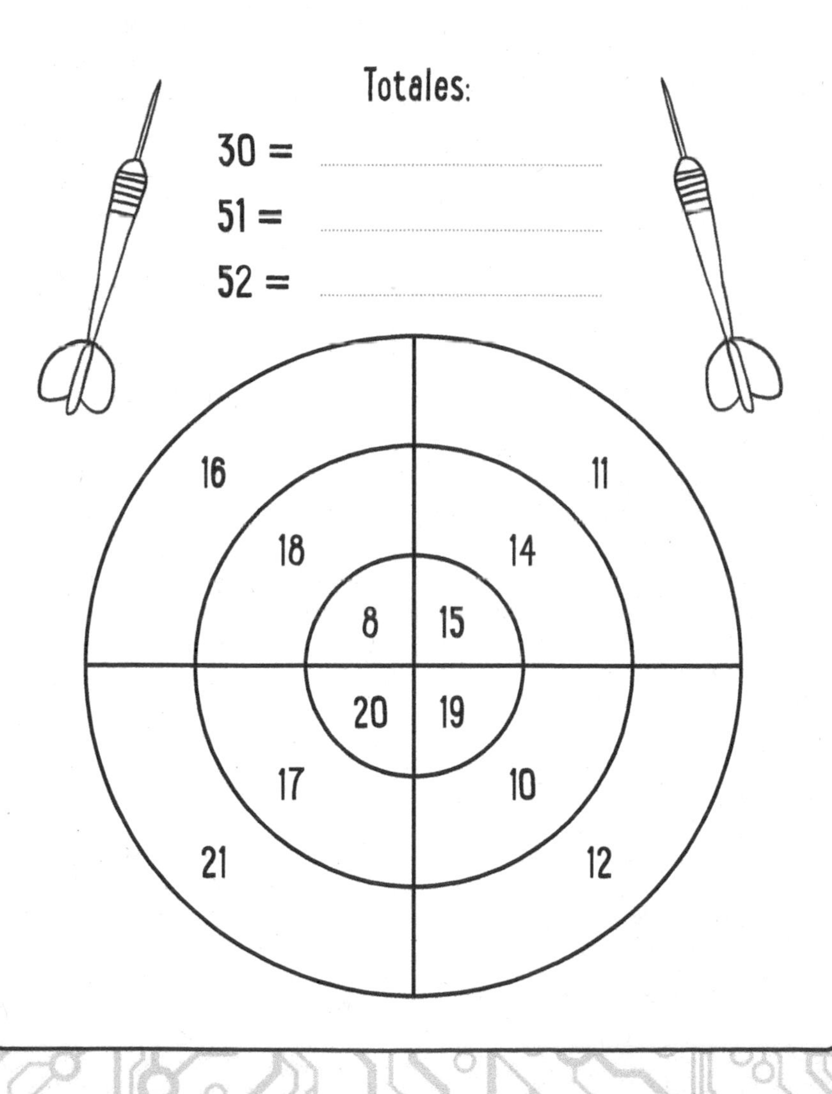

JUEGO MENTAL 72

Prepárate para poner a prueba tu cerebro con este reto del dominó. Dibuja sobre las líneas de puntos para crear todas las fichas de dominó que hay en un juego. No puede quedar ni una sola casilla sin emparejar.

Utiliza esta tabla para tachar las fichas de dominó que vayas creando. Las piezas que están marcadas en la cuadrícula ya se han tachado de la tabla.

1	4	6	6	2	3	1	5
1	0	2	0	5	0	0	4
3	4	6	3	4	6	1	0
4	0	1	5	1	6	2	3
4	5	2	6	2	6	0	3
3	1	0	2	2	1	4	2
3	5	4	5	5	6	3	5

CONSEJO: puedes usar las fichas que ya se han marcado en la cuadrícula como ayuda. Recuerda que cada ficha de dominó está formada por dos números y que la cuadrícula quedará completamente llena cuando termines.

¿Puedes detectar las sutiles diferencias que hay entre estas dos imágenes? Tendrás que fijarte mucho porque la imagen de abajo está al revés (como si fuese el reflejo de un espejo) para complicar más el reto.

JUEGO MENTAL 74

La siguiente operación matemática efectuada con palitos es incorrecta, pero ¿puedes corregirla moviendo solo uno?

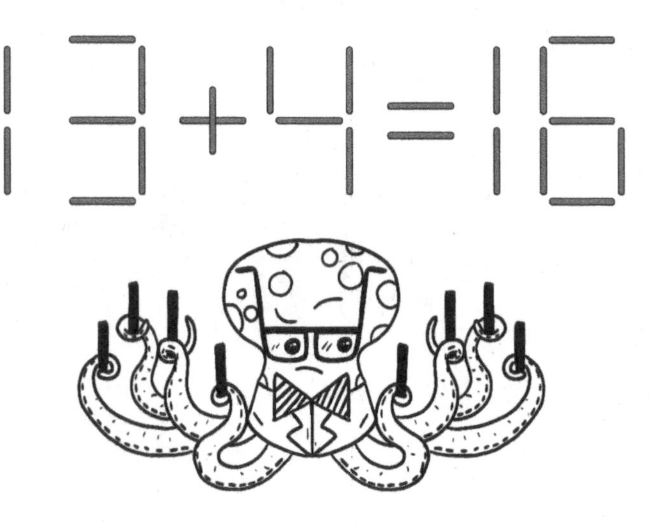

¿Y ahora puedes corregir esta otra operación moviendo dos palitos?

TIEMPO ....

JUEGO MENTAL 75

En un lugar muy remoto, Lejanolandia, utilizan siete monedas distintas, que son las siguientes:

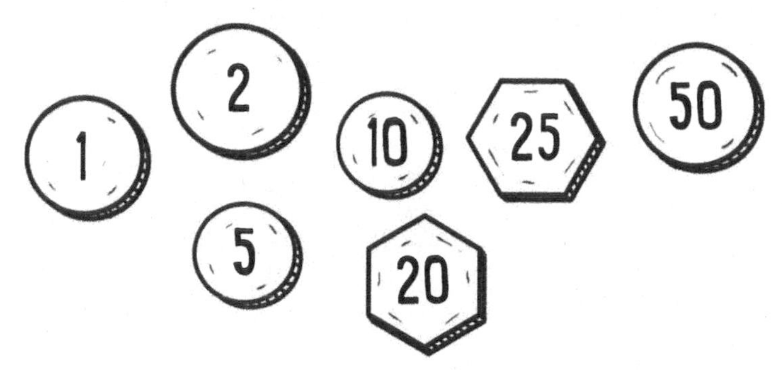

Utiliza las monedas que necesites para contestar estas preguntas. Puedes usar la misma moneda más de una vez si lo precisas.

a) ¿Cuántas monedas necesitas usar como mínimo para pagar 73 céntimos de Lejanolandia?

....

b) Si solo utilizas dos monedas de cada tipo, ¿cuántas monedas necesitas como máximo para pagar 98 céntimos de Lejanolandia?

....

c) Si compras algo que cuesta 149 céntimos de Lejanolandia, ¿cuántas monedas recibirás de cambio, como mínimo, si has pagado con 200 céntimos?

....

d) ¿De cuántas maneras diferentes puedes sumar 20 céntimos de Lejanolandia sin usar más de dos monedas de cada tipo? Por ejemplo, podrías usar dos monedas de 10.

....

JUEGO MENTAL 76

TIEMPO ....

¡Un ladrón de vocales anda suelto! Ha robado todas las vocales de las siguientes palabras. ¿Puedes encontrar las vocales que faltan para descubrir las palabras originales? Por ejemplo, **BRMST** sería **BROMISTA**.

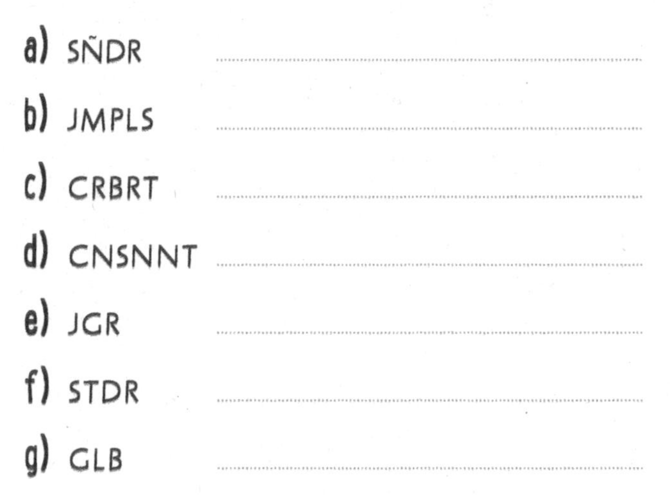

a) SÑDR ....

b) JMPLS ....

c) CRBRT ....

d) CNSNNT ....

e) JGR ....

f) STDR ....

g) GLB ....

TIEMPO ....

Tendrás que concentrarte mucho para encontrar la llave que nos llevará a la solución. Estudia atentamente la llave que tienes a continuación y averigua con qué forma (a-f) encaja. Solo hay una exactamente igual. Cuando descubras la solución, rodéala con un círculo.

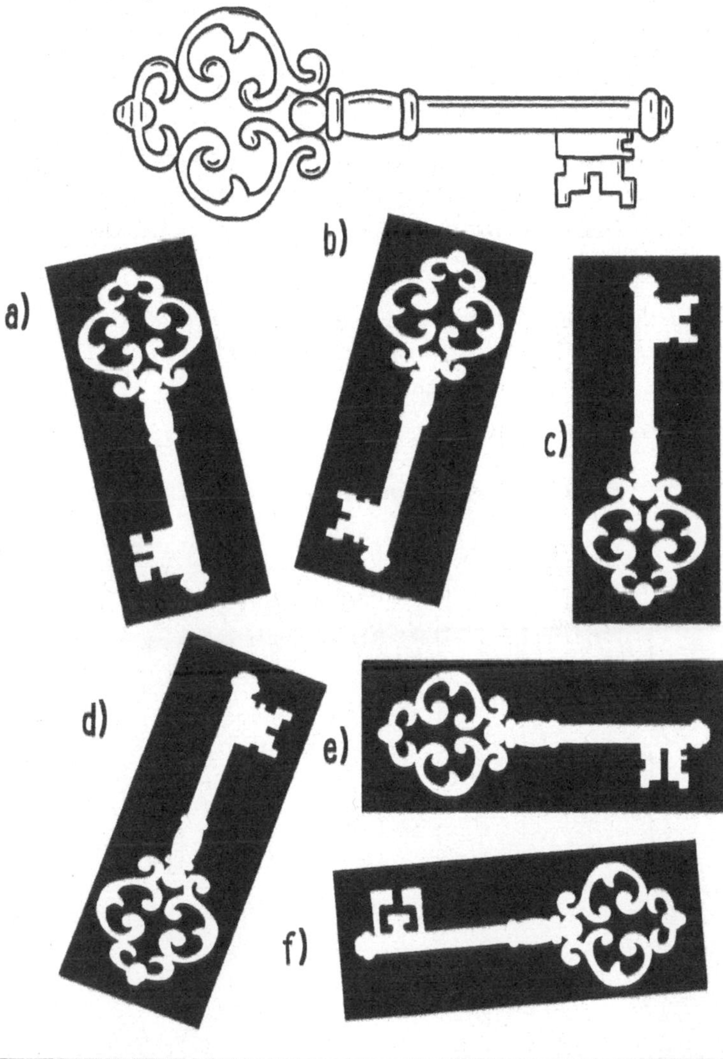

JUEGO MENTAL 78

¿Puedes completar el *kakuro* de la página siguiente? Hay que escribir un número del 1 al 9 en las casillas en blanco, pero no es tan sencillo.

REGLAS

- El numerito que aparece en una esquina de las casillas sombreadas (el «número clave») indica cuánto deben sumar los números que escribas en las siguientes casillas en blanco.
- Si el número clave está por encima de la raya diagonal, es que indica el total de las casillas blancas que tiene a la derecha. Si está por debajo de la raya diagonal, indica el total de las casillas blancas que tiene justo debajo.
- No puedes repetir el mismo número en las casillas en blanco que forman parte de la misma suma. Por ejemplo, podrías llegar al 4 sumando 1 + 3, pero no sumando 2 + 2.

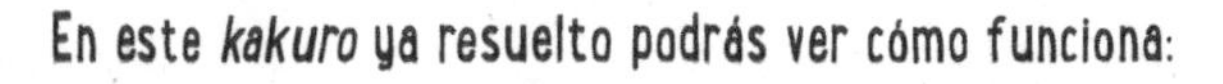

En este *kakuro* ya resuelto podrás ver cómo funciona:

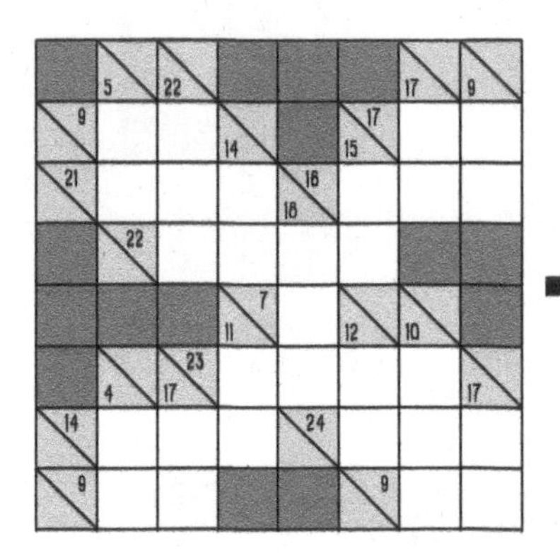

TIEMPO
7
3
4
10 19 16
2 26 16 13
17 9 26
30 30
14 16 3
26 17 9
17 11
16 1

JUEGO MENTAL 79

TIEMPO ....

¿Puedes resolver estos ingeniosos códigos?

1) Llegas a una tienda y te encuentras este cartel. ¿Puedes averiguar qué dice?

....

2) ¿Puedes descifrar la siguiente frase?

¡Neib ohceh! ¡Sah odidop alreel!

....

3) ¿Y este código? ¿Eres capaz de descubrir qué dice?

Ote rceseja snem nus eot se

....

TIEMPO ....

JUEGO MENTAL 80

¿Eres fan de las secuencias? Descubre qué letra sigue en las siguientes. Cada una de ellas es una lista de iniciales que siguen un orden concreto; por ejemplo, «L M M J V S» equivaldría a «lunes, martes, miércoles, jueves, viernes, sábado», así que el siguiente elemento de la secuencia sería «domingo», por lo que tendrías que escribir la letra D.

a) U D T C C S ....

b) E F M A M J ....

c) M T C Q S S ....

d) R N A V A Í ....

e) M V T M J S ....

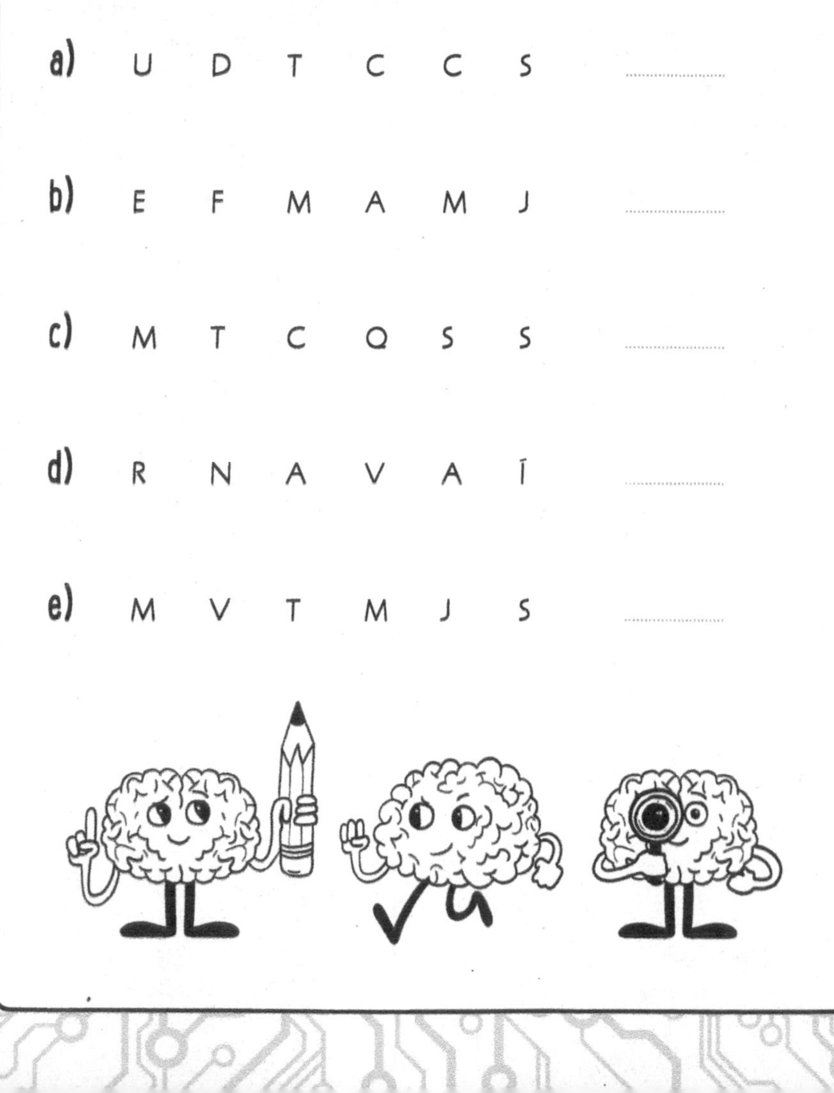

JUEGO MENTAL 81

TIEMPO ....

Encuentra la salida de este laberinto tan complicado lo antes posible. Puedes pasar por encima o por debajo de tantos puentes como quieras, pero ¡vigila los callejones sin salida!

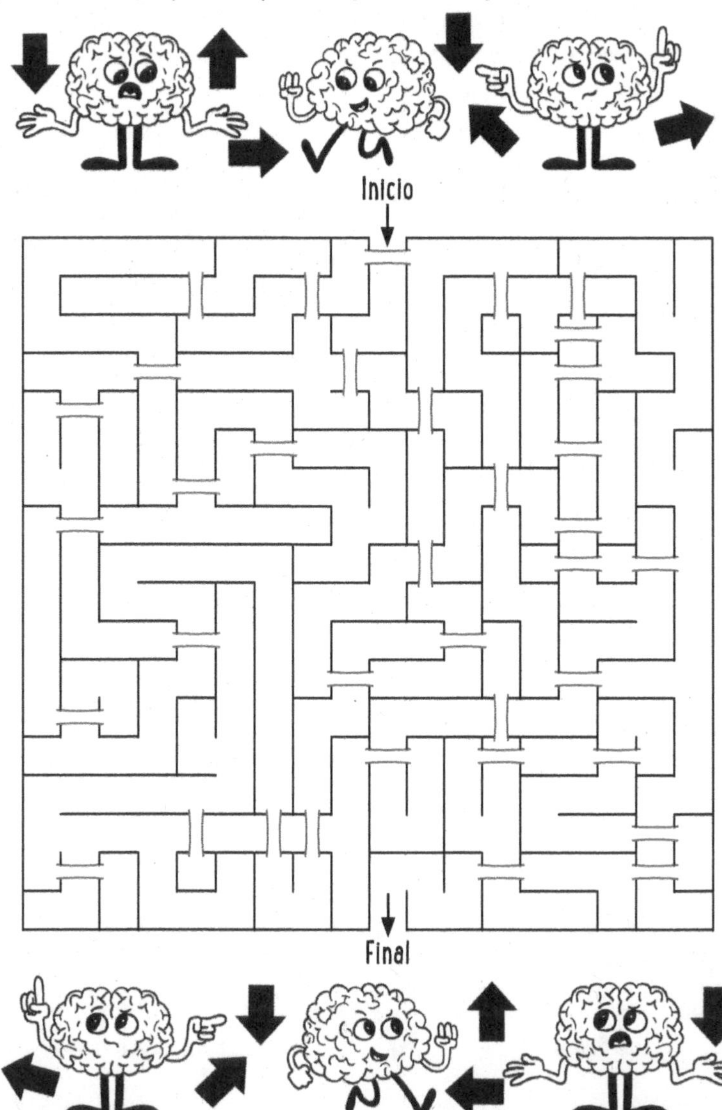

TIEMPO ....

JUEGO MENTAL 82

Para completar este sudoku, escribe un número del 1 al 4 en las casillas en blanco de modo que no se repitan en cada columna, fila y recuadro destacado de 2 × 2, como en un sudoku normal. La diferencia es que los números que bordean la cuadrícula te indican la suma de los dos números más cercanos de esa columna o fila.

En este ejemplo ya resuelto podrás ver cómo funciona:

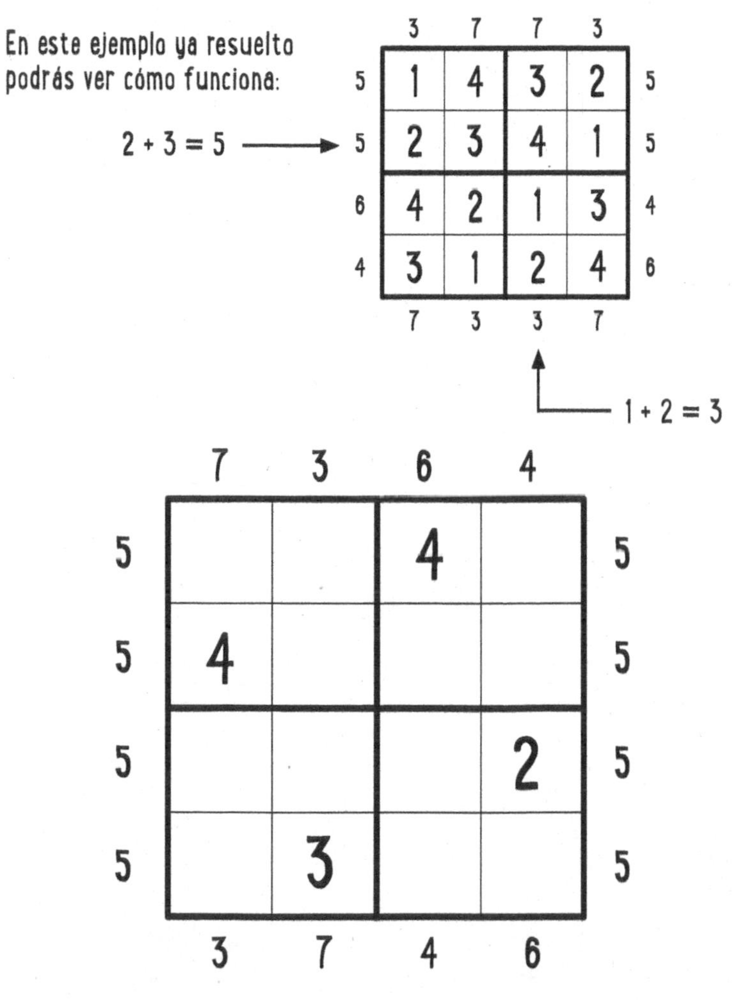

JUEGO MENTAL 83

Con tu inteligencia superrápida, completa la cuadrícula de la siguiente página. Cada casilla en blanco tiene que estar iluminada por una lámpara. Las lámparas iluminan las casillas de la izquierda, de la derecha, arriba y abajo.

REGLAS

- La luz de la lámpara llega a todas las casillas de la misma columna y fila, hasta que choca con una casilla negra. La luz no se propaga en diagonal.
- Algunas de las casillas negras tienen números. Estos indican exactamente cuántas casillas colindantes (arriba, abajo, a la izquierda y a la derecha, pero no en diagonal) deben tener una lámpara.
- Una lámpara no puede iluminar directamente otra lámpara.
- Puedes colocar una lámpara en cualquiera de las casillas en blanco siempre que sigas las reglas.

En este ejemplo podrás ver cómo funciona:

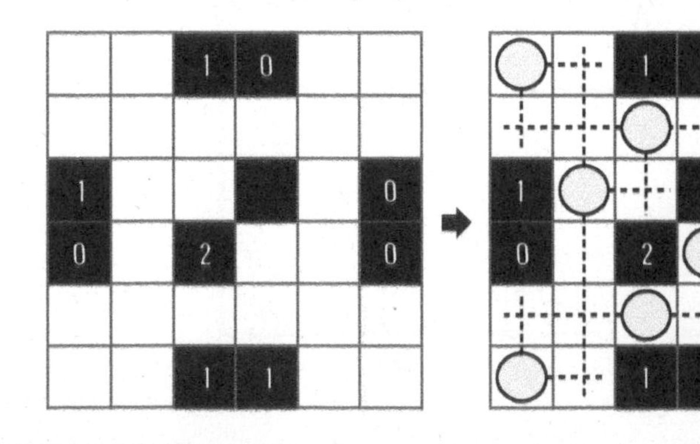

TIEMPO
0 2
1 3
0 1
0

JUEGO MENTAL 84

Para resolver el sudoku de desigualdades de la página siguiente, completa la cuadrícula de modo que en cada columna, fila y rectángulo destacado de 3 × 2 aparezcan todos los números del 1 al 6 una sola vez.

Los símbolos de desigualdad que hay entre algunas parejas de casillas colindantes indican que uno de los dos números es más grande que el otro (la flecha siempre señala el número más pequeño). Por ejemplo, «5 > 3», «5 > 2» y «5 > 1» son correctos porque 5 es mayor que 3, 2 y 1, pero no podríamos decir que «2 > 6», porque 2 no es mayor que 6.

En este ejemplo verás cómo funciona:

5 >	∨ <	4 <		>	
	>		3	>	∨
∧		6		<	∨
		<	5 <		
	<	5 ∨			∨
			1		5

➡

5 >	3 ∨ <	4 <	6	2 >	1
6	2 >	1	3	5 >	4 ∨
2 ∧	5	6	4	1 <	3 ∨
4	1	3 <	5 <	6	2
1	4 <	5 ∨	2	3	6 ∨
3	6	2	1	4	5

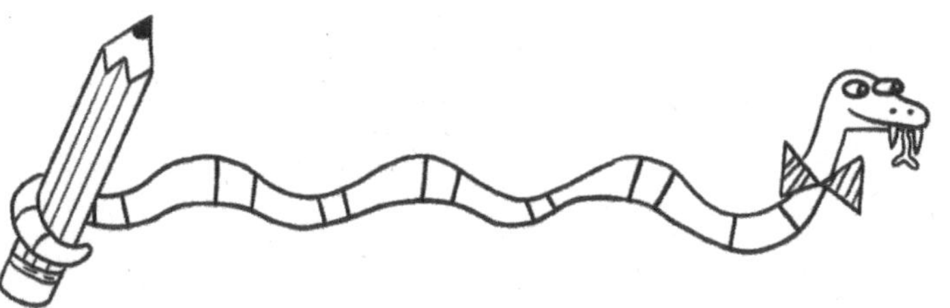

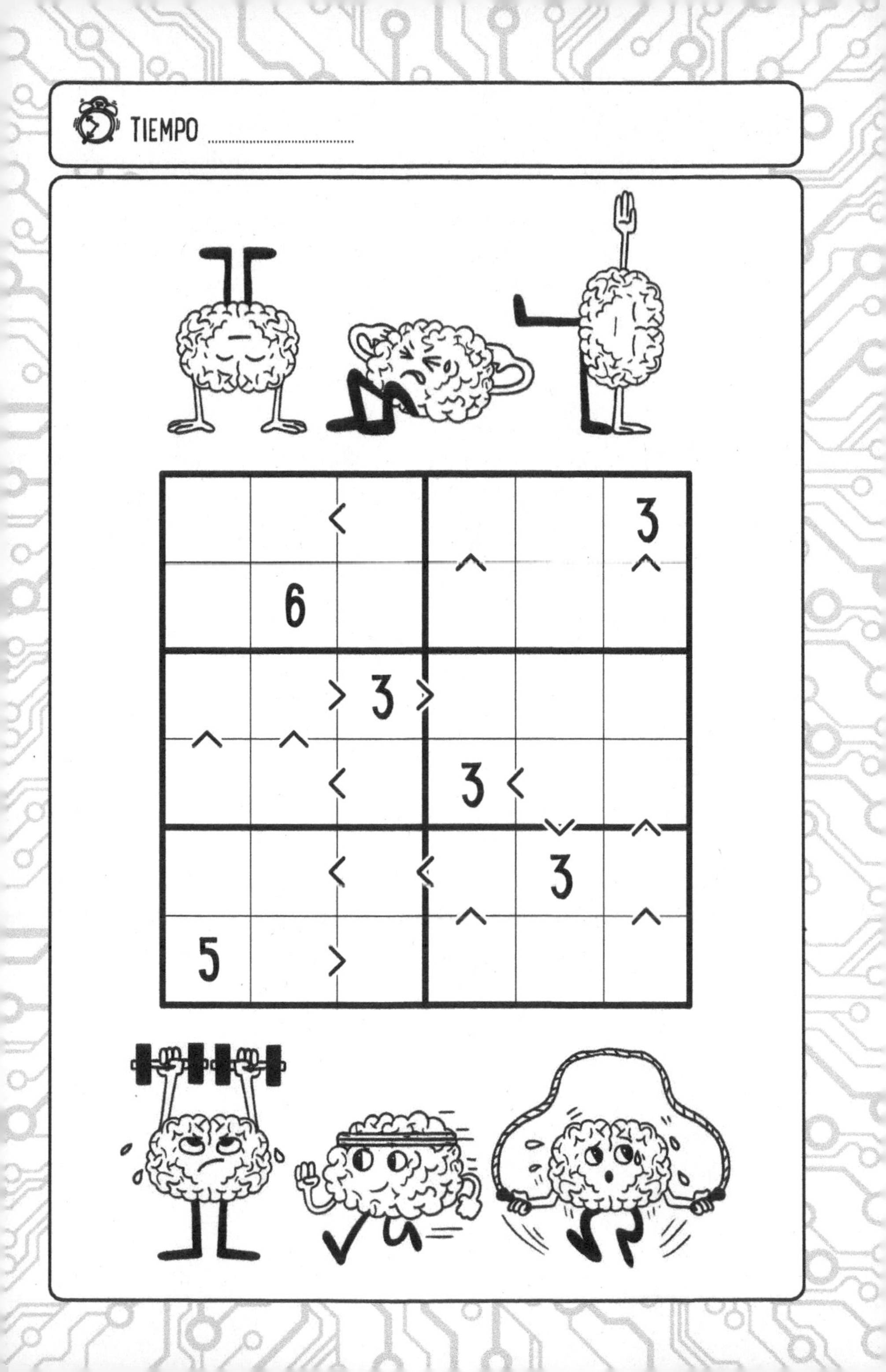
TIEMPO

JUEGO MENTAL 85

Todas las imágenes son muy parecidas, pero esconden algunas diferencias sutiles. ¿Puedes encontrar las cuatro parejas de imágenes idénticas? Cuando lo hayas hecho, relaciona las dos imágenes de cada pareja.

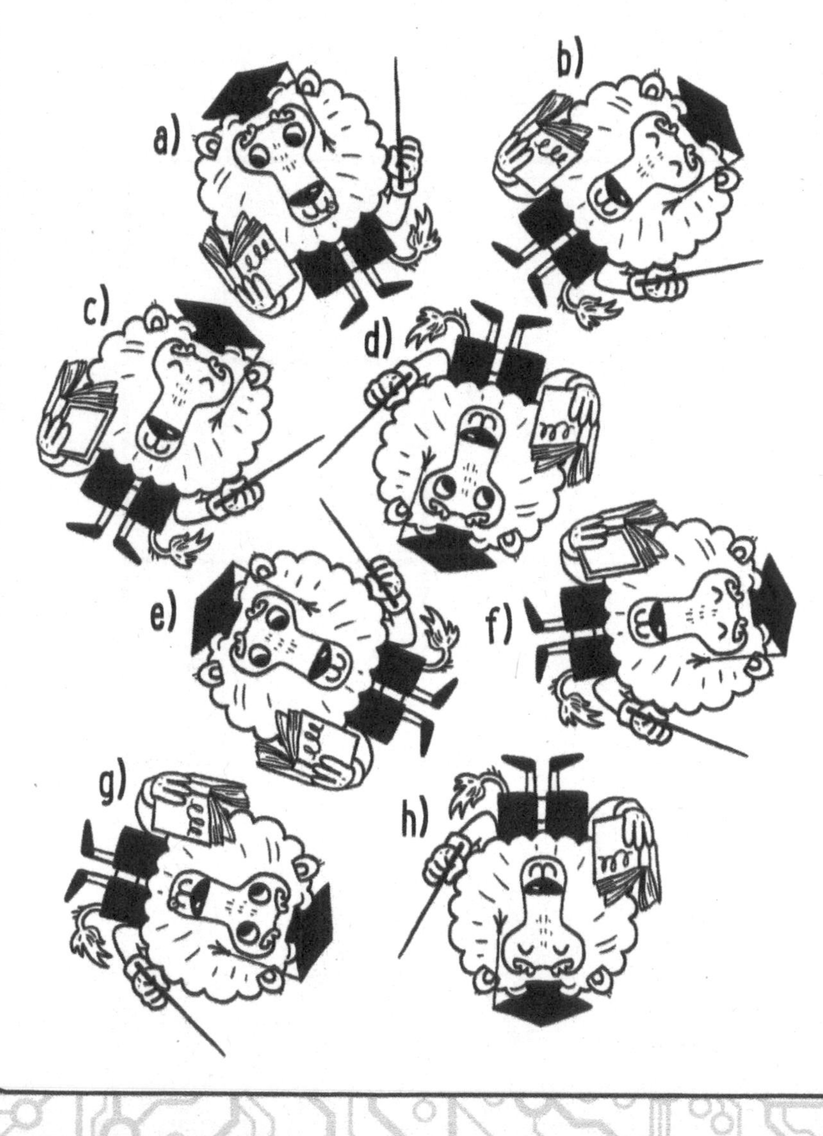

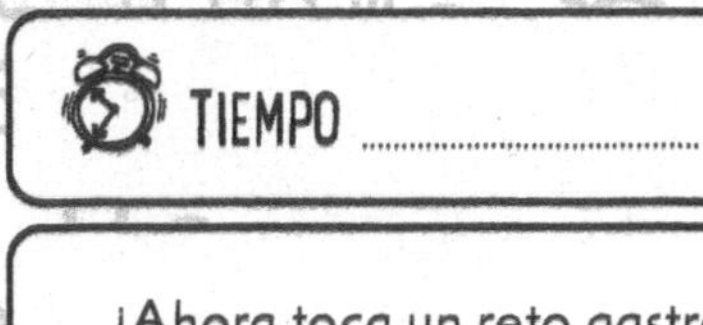

TIEMPO ....

JUEGO MENTAL 86

¡Ahora toca un reto gastronómico! Antes de que puedas terminar de cenar, tienes que dibujar tres líneas perfectamente rectas sobre la bandeja de modo que quede dividida en cuatro zonas. Cada zona debe incluir una patata frita, un *nugget* y un guisante.

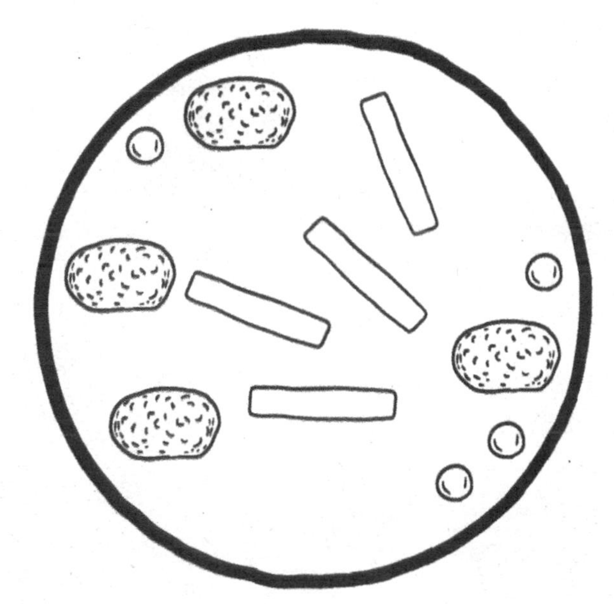

JUEGO MENTAL 87

TIEMPO ....

Cinco personas han sido detenidas como sospechosas de un delito y la policía las está interrogando para que aporten pruebas de lo ocurrido. Los cinco delincuentes dan respuestas distintas:

Delincuente 1: «Exactamente uno de nosotros está mintiendo».

Delincuente 2: «Exactamente dos de nosotros están mintiendo».

Delincuente 3: «Exactamente tres de nosotros están mintiendo».

Delincuente 4: «Exactamente cuatro de nosotros están mintiendo».

Delincuente 5: «Todos estamos mintiendo».

Utiliza tus habilidades de deducción para descubrir si alguno de los delincuentes ha dicho la verdad. En caso afirmativo, ¿quién?

Respuesta: ....

TIEMPO ....

¡Este juego te dejará boquiabierto! Si repasas las líneas discontinuas que ya están dibujadas, ¿eres capaz de dividir la imagen en cuatro formas exactamente iguales sin que quede ningún cuadrado suelto? Imagínatelo: si recortaras las cuatro formas y las giraras para que quedaran en la misma posición, tendrían que ser idénticas.

En este ejemplo ya resuelto podrás ver cómo funciona:

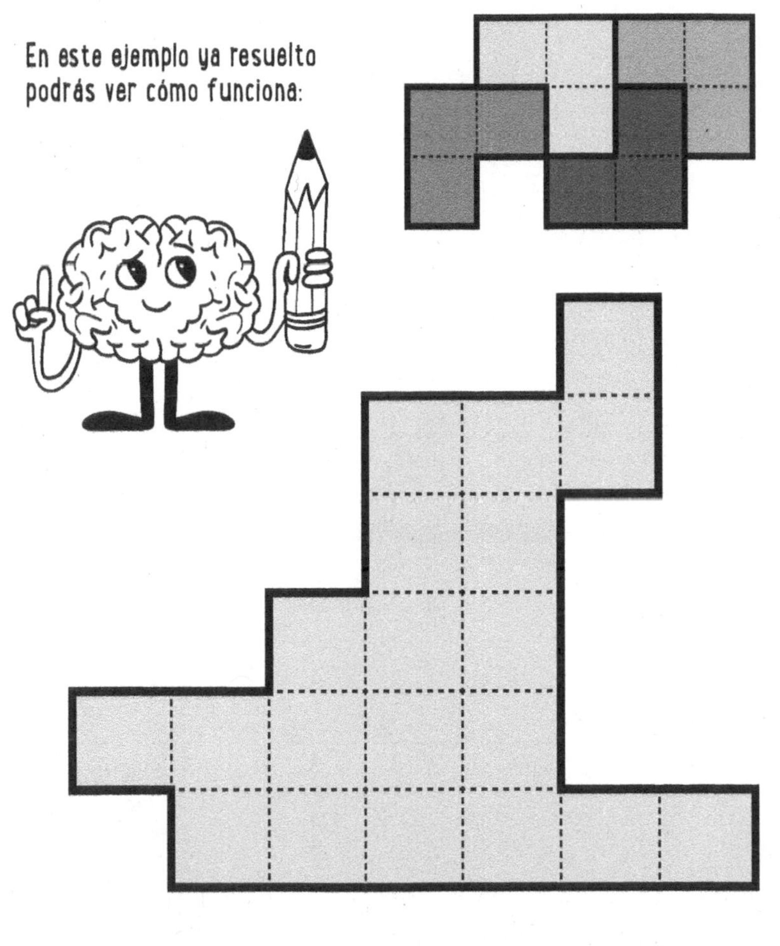

JUEGO MENTAL 89 ⟶

TIEMPO ....

Para resolver este *futoshiki*, tienes que colocar los números del 1 al 5 de modo que cada número aparezca una sola vez en cada columna y fila. Los símbolos > («mayor que») mandan: siempre enlazan una pareja de números e indican cuál es mayor que el otro. Por ejemplo, puedes tener «2 > 1», «3 > 1» o «4 > 1», ya que 2, 3 y 4 son mayores que 1. En cambio, no podrías tener «1 > 2» porque 1 no es mayor que 2.

Con este ejemplo podrás ver cómo funciona:

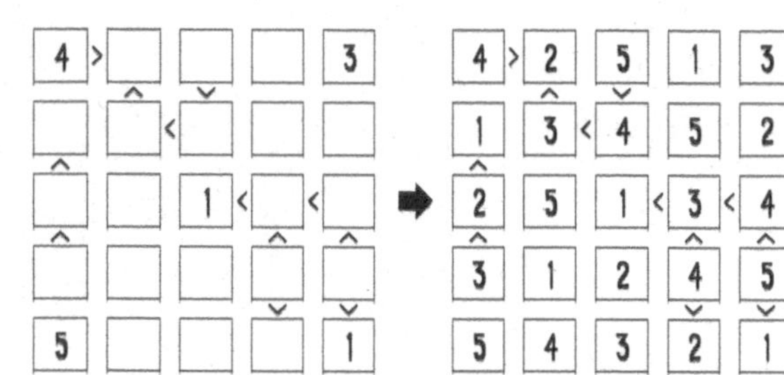

TIEMPO ....

JUEGO MENTAL 90

¿Puedes resolver el reto de las siluetas espeluznantes? Debes encontrar la silueta que corresponde a la imagen que tienes a continuación. Puede que todas parezcan iguales, pero en realidad solo hay una que encaje a la perfección con la imagen.

JUEGO MENTAL 91

TIEMPO ....

¿Puedes completar esta cuadrícula matemática? Escribe un número del 1 al 9 en cada una de las nueve casillas en blanco, sin repetir ningún número, de modo que las operaciones matemáticas sean correctas. Calcula las sumas de arriba abajo o de izquierda a derecha, efectuando la operación correspondiente, y empieza desde el principio de cada columna o fila.

TIEMPO ....

JUEGO MENTAL 92

¿Puedes completar las casillas en blanco de la cuadrícula con un número del 1 al 36 para formar una cadena numérica?

REGLAS

- Tienes que empezar en el 1 y seguir por orden: 2, 3, 4...
  Solo puedes moverte a casillas que se toquen.
- Puedes desplazarte hacia la izquierda, la derecha, arriba o abajo, pero no en diagonal.

Observa este ejemplo para entender cómo funciona:

1				25
		22		
	12	13	14	
		10		
7				17

➡

1	2	23	24	25
4	3	22	21	20
5	12	13	14	19
6	11	10	15	18
7	8	9	16	17

7		9	12		14
1		35	36		18
2		34	33		19
26		24	23		21

JUEGO MENTAL 93

TIEMPO ....

Utiliza tu agudeza mental para descubrir qué casillas esconden una mina.

REGLAS

- Las minas pueden estar en cualquiera de las casillas en blanco, pero no en las casillas que tienen un número.
- El número que hay en algunas casillas indica cuántas minas ocultan las casillas que la rodean, incluyendo las que se tocan en diagonal.

En este ejemplo ya completado puedes ver cómo funciona:

	2	0		0
			1	
3		1		
	3		3	
		1		2

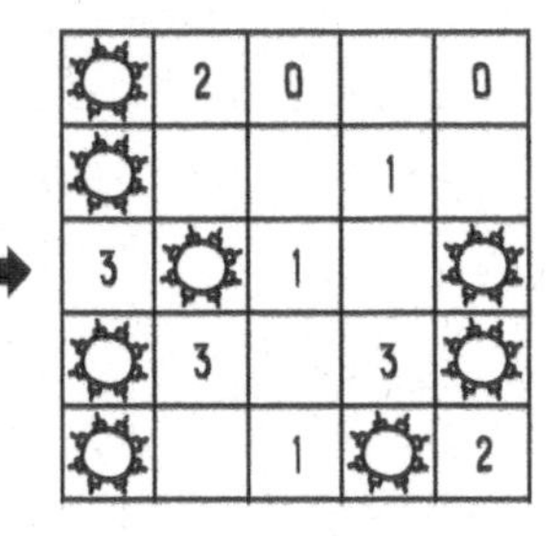

			3		1
	5	3			1
	3			4	
			2		
1		1		3	
	2		1		1

¡Es hora de hacer magia con las imágenes! Usa la imaginación para descubrir qué imagen aparecería si juntáramos todas las piezas correctamente.

Respuesta: ....

JUEGO MENTAL 95

Para resolver el *calcudoku* de la siguiente página, tienes que escribir los números del 1 al 4 en cada columna y fila, sin repetirlos. El objetivo es que, si sumas todos los números de cada forma resaltada, el resultado sea el numerito que hay escrito en la esquina izquierda superior de cada forma.

En este ejemplo verás cómo funciona:

Los números del 1 al 4 aparecen una vez en cada columna y fila.

6+ 2	3 3	5+ 1	4
3	6+ 2	4	6+ 1
1	7+ 4	3	2
5+ 4	1	2 2	3

Si sumamos los números de cada forma resaltada, el resultado es el numerito que está escrito en la esquina. Por ejemplo, 4 + 1 = 5.

TIEMPO ....

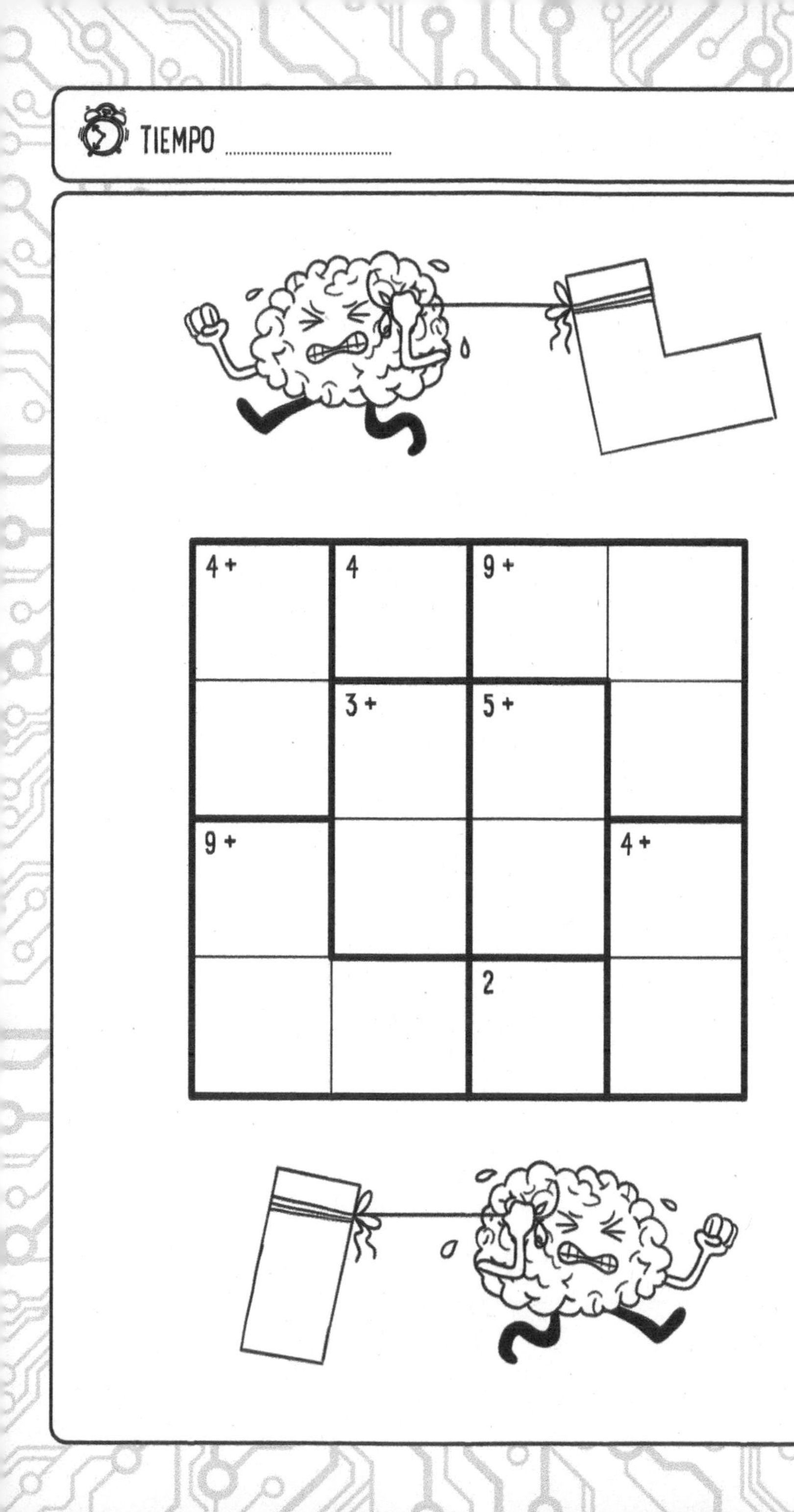

JUEGO MENTAL 96

¿Te atreves a completar la pirámide de palabras? Tienes unas pistas: en cada frase se ha eliminado una palabra, que es justo la que buscamos. El número de la frase corresponde a la fila de la pirámide.

Empieza desde arriba y ve bajando. En cada fila se usan las mismas letras que en la fila superior, pero sumándole otra más. Y puede que no estén en el mismo orden.

Este rompecabezas es especialmente difícil. ¡No te preocupes si no puedes completarlo del todo! Aquí quizás te iría bien la ayuda de un amigo o de un adulto. Seguramente entre dos es más fácil solucionarlo.

Por ejemplo, si en la primera fila la palabra es ASA, en la segunda podría ser CASA y, en la tercera, CAMAS.

TIEMPO ....

PISTAS:

1) No te sientes en .... silla, que está rota. Mejor siéntate en esta.

2) ¡Anda! No sabía que la .... era un hongo comestible. Están muy buenas, con arroz quedan muy bien.

3) .... tenía hambre, pero he merendado y ya estoy bien.

4) Me voy a .... en el sofá a ver la tele.

5) Cuando hace sol, mis perros se .... en el jardín.

6) Si el profe me pregunta si me arrepiento, ... con la cabeza.

7) Mi madre a veces va a un centro de .... a que le hagan un masaje.

8) De pequeña le .... mucho la música, pero ahora ya no tanto.

9) Iremos a la .... porque nos han hecho un mueble a medida para mi cuarto.

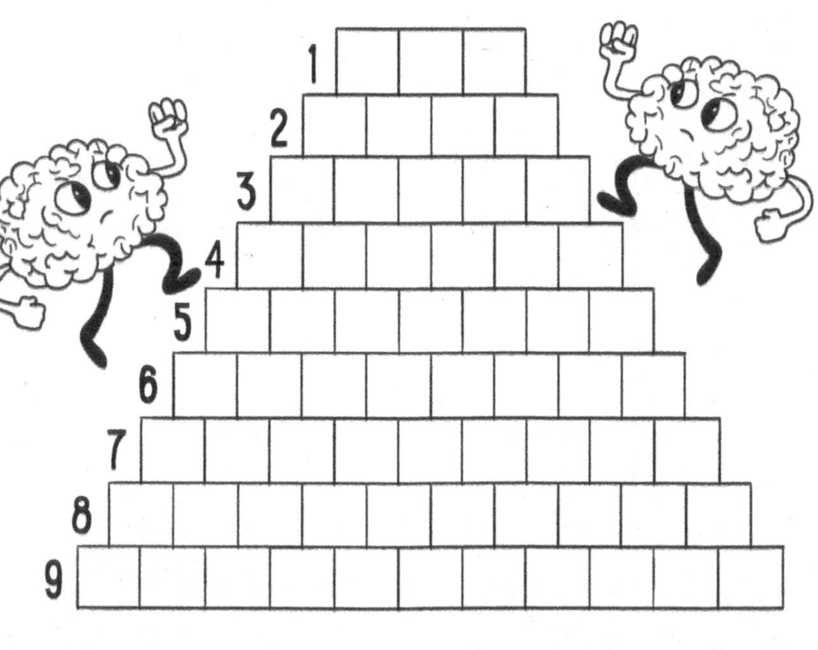

JUEGO MENTAL 97

 TIEMPO ....

Para completar este sudoku-XV, escribe un número del 1 al 6 en las casillas en blanco de modo que no se repitan en cada columna, fila y rectángulo destacado de 3 × 2, como en un sudoku normal.

La diferencia es que cuando veas una X o una V entre dos casillas, la suma de ambas tiene que ser un 10 (en el caso de la X) o un 5 (en el caso de la V), como los números romanos. Si no hay ninguna letra entre dos casillas, entonces es que no suman 10 o 5.

En este ejemplo ya resuelto podrás ver cómo funciona:

4	5	3	6	1	2
2	1	6	3	5	4
3	2	4	1	6	5
1	6	5	2	4	3
6	4	2	5	3	1
5	3	1	4	2	6

6 + 4 = 10 →

3 + 2 = 5

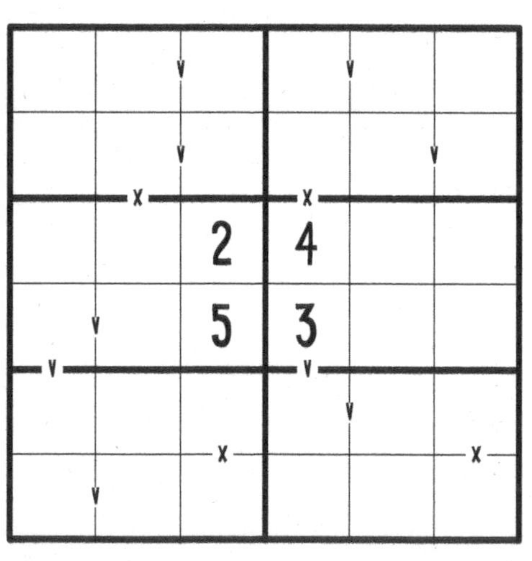

Ha llegado el momento de enfrentarse al difícil reto del alfabeto. Escribe las letras A, B y C en cada columna y fila de la cuadrícula de la parte inferior de esta página.

Las letras que bordean la cuadrícula indican qué letra debes escribir en la casilla más próxima que rellenes, incluyendo en diagonal.

En cada columna y fila quedarán dos casillas sin completar, y en cada columna y fila solo puede haber una letra de cada.

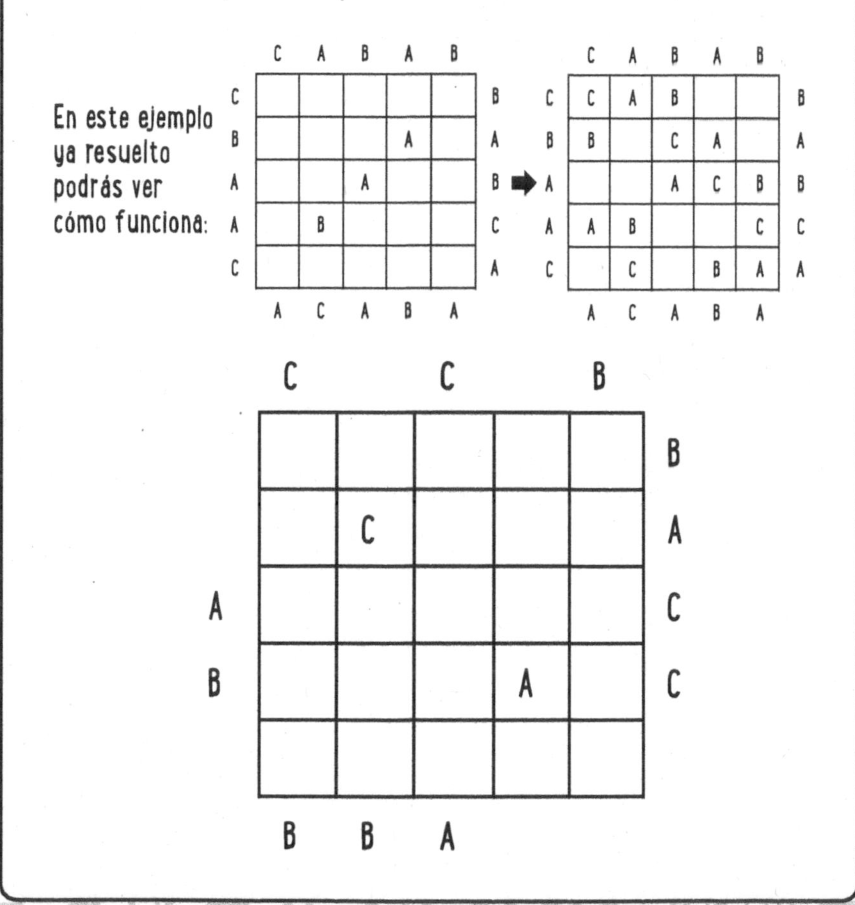

JUEGO MENTAL 99

¿Te atreves con este *hanjie*? Tienes que colorear las casillas correctas de la cuadrícula para revelar la imagen oculta.

REGLAS

- El número al lado de cada columna y fila te indica cuántas casillas tienes que colorear.
- Si solo hay un número, indica cuántas casillas seguidas hay que colorear de esa fila o columna. El resto de las casillas quedarán en blanco.
- Si hay varios números, cada uno indica cuántas casillas seguidas hay que colorear, y entre cada grupo de casillas coloreadas debe haber como mínimo una casilla en blanco. Deben quedar en el orden que se indica.

En este *hanjie* ya resuelto verás cómo funciona:

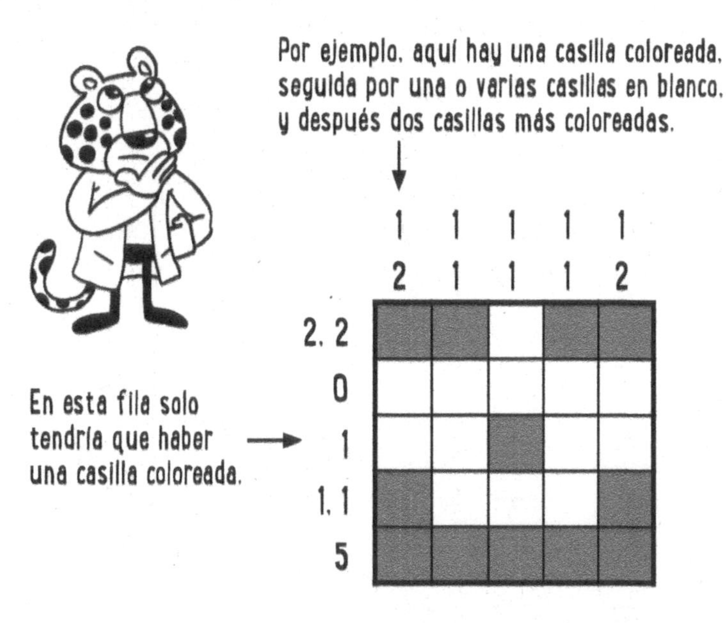

TIEMPO
8
3 3
1 1 1
1 2 2 1
1 2 1
1 2 1
1 2 2 1
1 1 1
3 3
8
8
2. 2
2. 1. 1. 2
1. 1. 1. 1
1. 1
1. 2. 2. 1
1. 4. 1
2. 2. 2
2. 2
8

JUEGO MENTAL 100

Para resolver este sudoku-Tetris, tienes que completar la cuadrícula con los números del 1 al 5 de modo que no se repita el mismo número en cada columna, fila y forma resaltada.

En este ejemplo ya solucionado puedes ver cómo funciona:

3	5	1	4	2
2	3	5	1	4
5	4	3	2	1
1	2	4	3	5
4	1	2	5	3

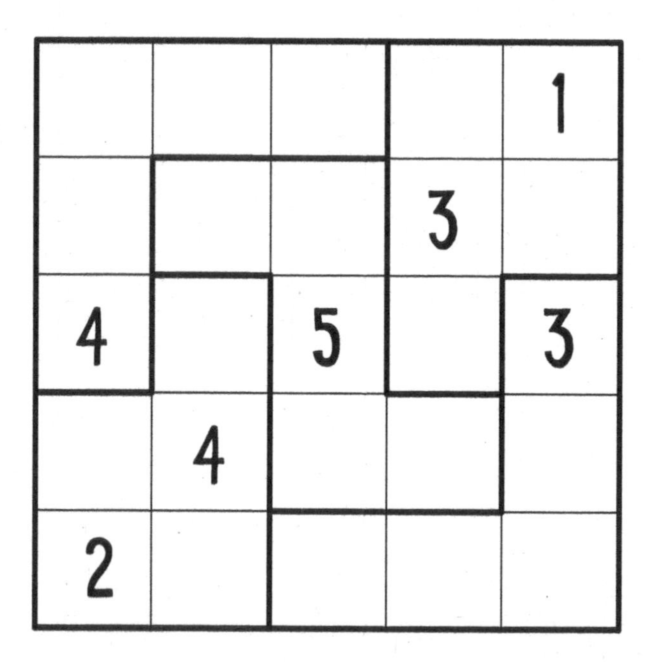

TIEMPO ....

Hoy Isabella, Noah y Olivia han tomado una fruta cada uno, pero en comidas diferentes. Han hecho tres comidas (desayuno, almuerzo y cena) y había tres piezas de fruta: una manzana, una naranja y una pera. ¿Eres capaz de averiguar qué fruta se ha comido cada uno y cuándo?

SABEMOS QUE...

- Olivia se ha comido la fruta más tarde que Isabella.
- Isabella no se ha comido la pera.
- Noah no se ha comido la fruta en el desayuno.
- La pera no ha formado parte del almuerzo de ninguno.
- Olivia se ha comido la naranja.

Isabella se ha comido una ....

en ....

Noah se ha comido una ....

en ....

Olivia se ha comido una ....

en ....

TODAS
LAS
SOLUCIONES

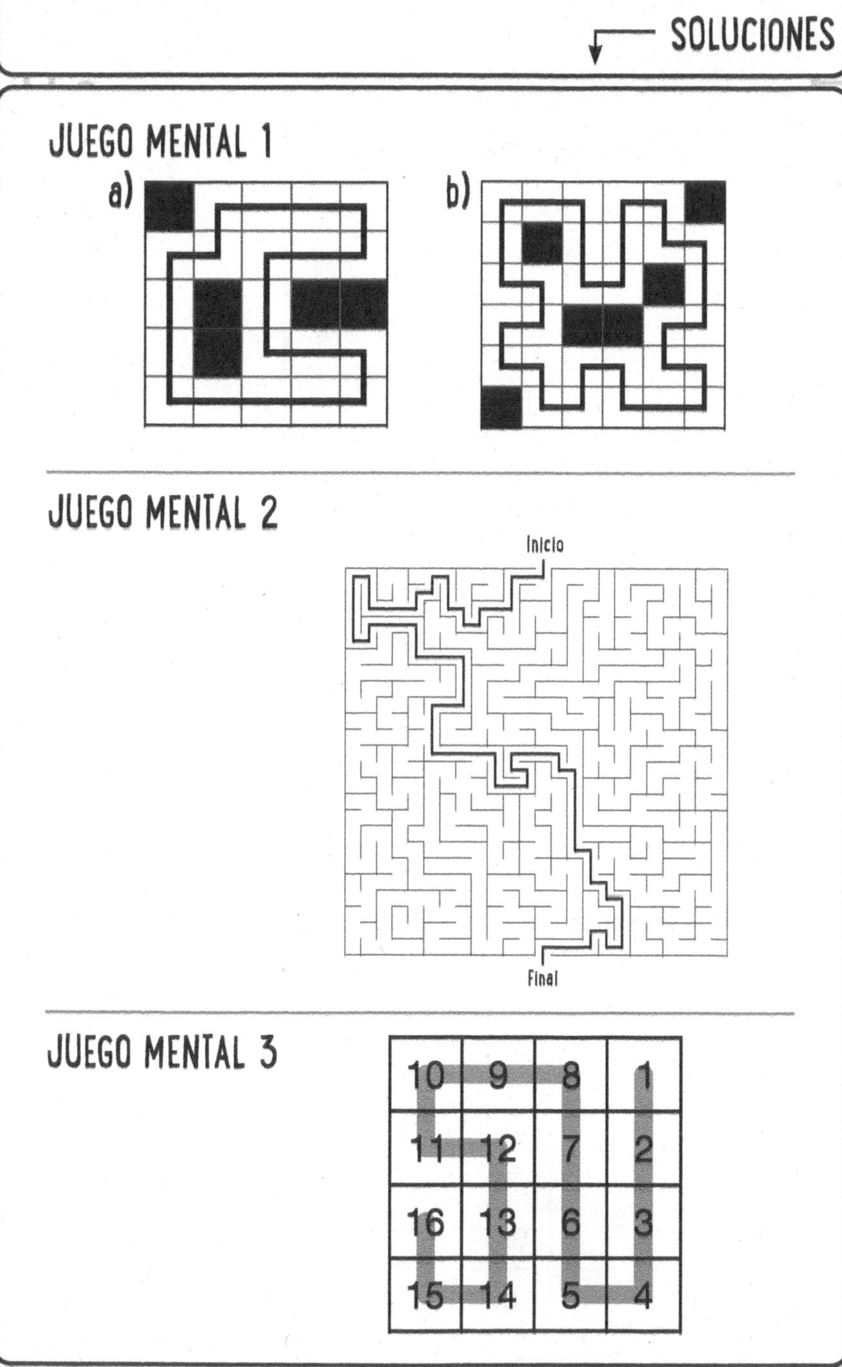
JUEGO MENTAL 1
a)
b)
JUEGO MENTAL 2
Inicio
Final
JUEGO MENTAL 3
10 9 8 1
11 12 7 2
16 13 6 3
15 14 5 4

SOLUCIONES

JUEGO MENTAL 4

4	1	2	3
3	2	1	4
2	4	3	1
1	3	4	2

JUEGO MENTAL 5

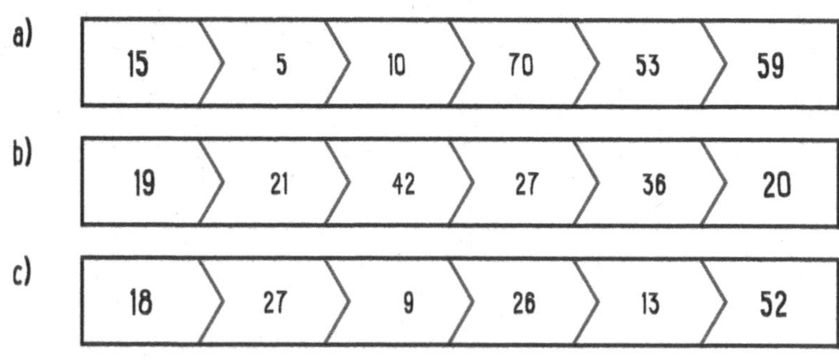

JUEGO MENTAL 6

0	0	1	1	0	1
0	0	1	0	1	1
1	1	0	1	0	0
0	1	0	0	1	1
1	0	1	1	0	0
1	1	0	0	1	0

JUEGO MENTAL 7

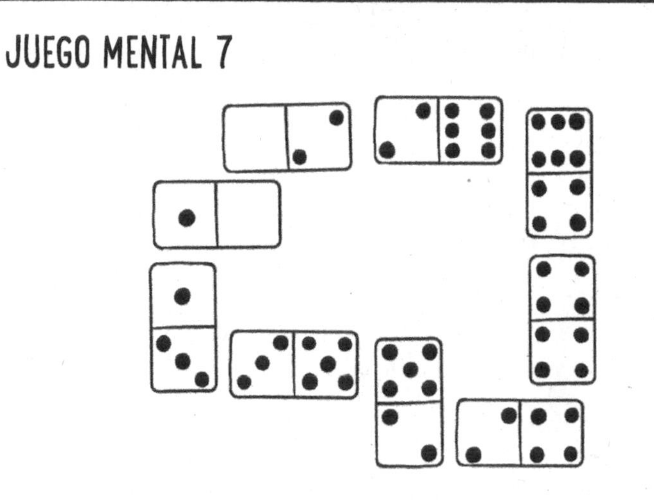

JUEGO MENTAL 8

Hay **27 cubos**: 4 en la primera capa (empezando desde arriba), 8 en la segunda y 15 en la tercera.

JUEGO MENTAL 9

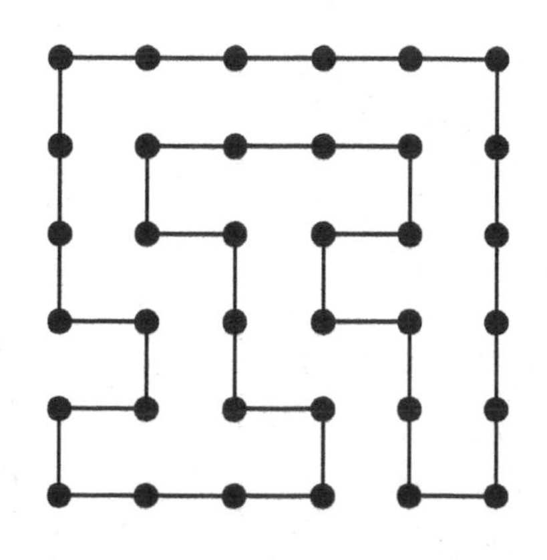

SOLUCIONES

JUEGO MENTAL 10

1. b, 2. c, 3. b

JUEGO MENTAL 11

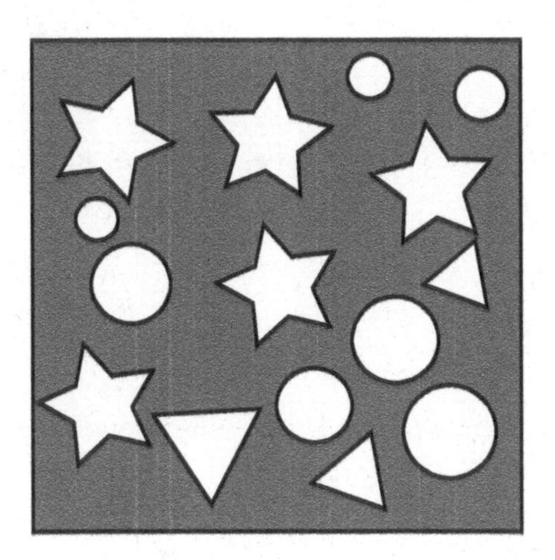

a) 5 estrellas *b)* 7 círculos *c)* 3 triángulos

JUEGO MENTAL 12

a) 14 = 6+8

b) 20 = 8+12

c) 32 = 6+7+9+10

d) 38 = 7+9+10+12

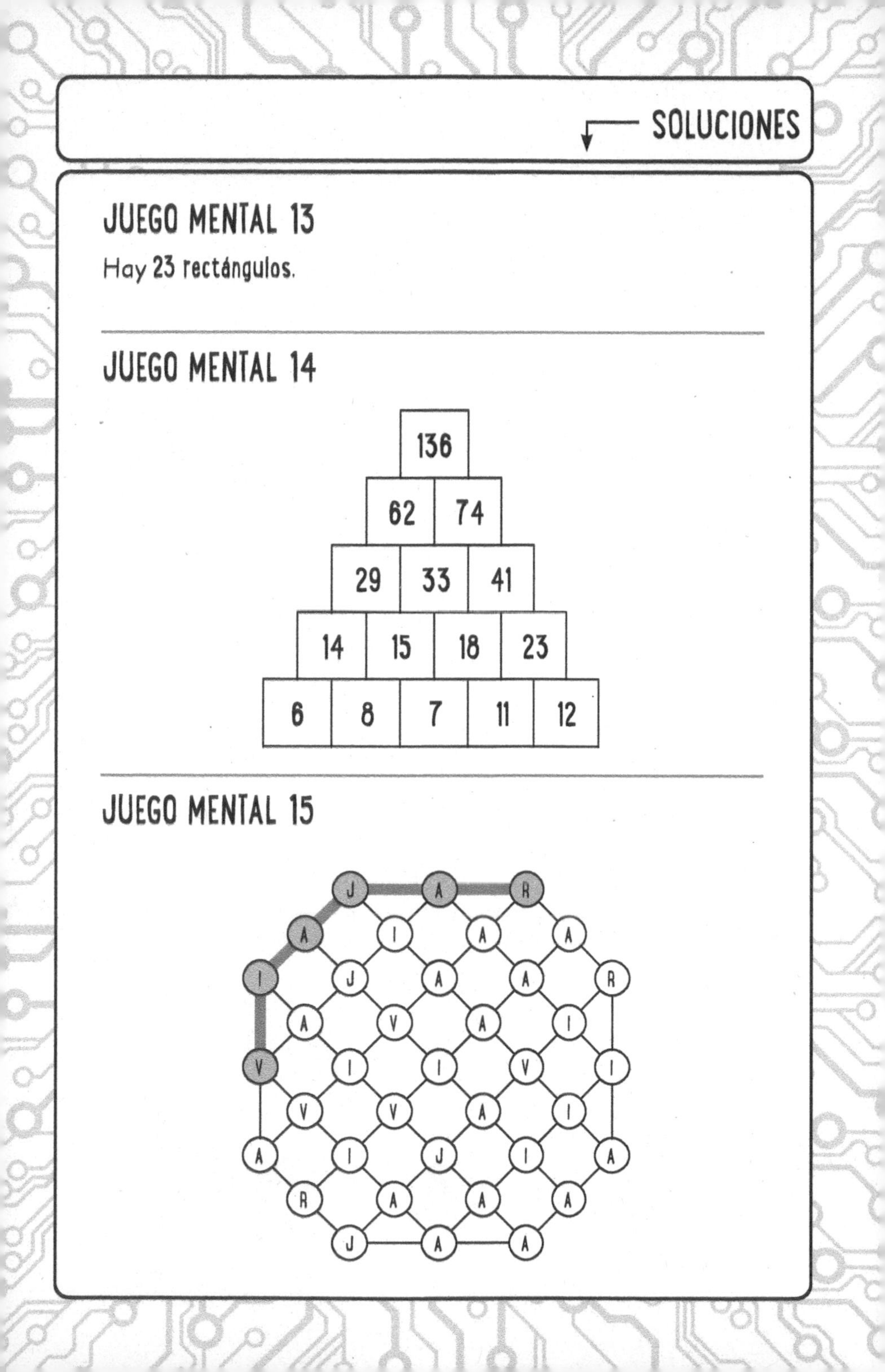

JUEGO MENTAL 13

Hay **23** rectángulos.

JUEGO MENTAL 14

JUEGO MENTAL 15

SOLUCIONES

JUEGO MENTAL 16

Desafío 1: **hamburguesa, kétchup, pan, sal, salchicha, vinagre.**

Desafío 2: **cinco, cuatro, dos, seis, tres, uno.**

JUEGO MENTAL 17

a) Podrían ser un seis el **A**, el **B**, el **D** y el **E**.

b) Podrían ser un tres el **A**, el **C** y el **D**.

c) El valor mínimo que podrían tener estos cinco dados sumados es 2 + 4 + 3 + 2 + 4 = **15**.

d) El valor máximo que podrían tener estos cinco dados sumados es 6 + 6 + 5 + 6 + 6 = **29**.

JUEGO MENTAL 18

Los objetos que faltan son estos: la **pesa**, la **bombilla**, el **matraz** y la **ficha de dominó**.

JUEGO MENTAL 19

4	5	1	2	3
1	2	3	4	5
3	4	5	1	2
5	1	2	3	4
2	3	4	5	1

JUEGO MENTAL 20

a) 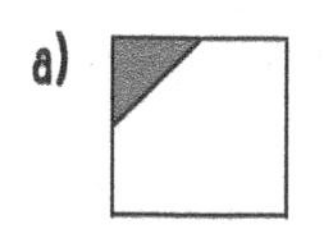

Cada vez la forma gira 90° en el sentido de las agujas del reloj.

b) 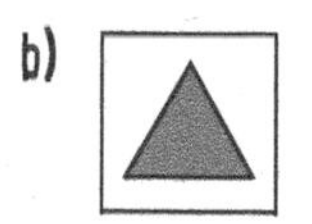

Cada vez el polígono tiene un lado menos.

c) 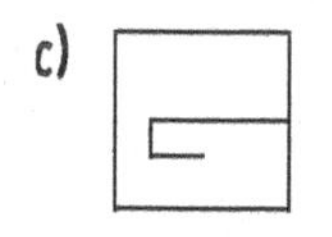

Cada vez se borra la última línea de la forma y se gira 90° en el sentido contrario a las agujas del reloj.

SOLUCIONES

JUEGO MENTAL 21

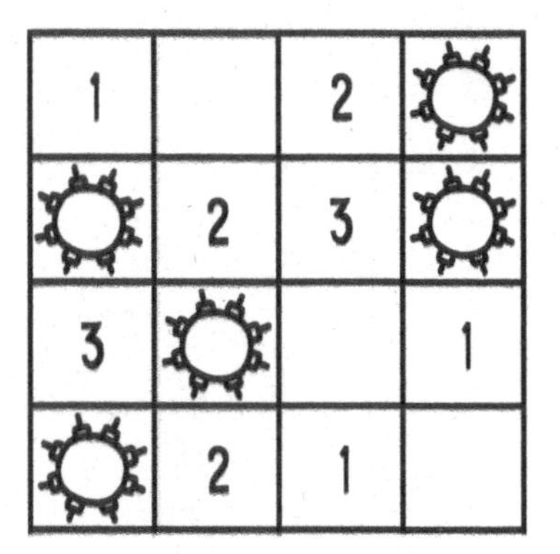

JUEGO MENTAL 22

14 = 9 + 2 + 3

28 = 5 + 10 + 13

32 = 9 + 10 + 13

JUEGO MENTAL 23

JUEGO MENTAL 24

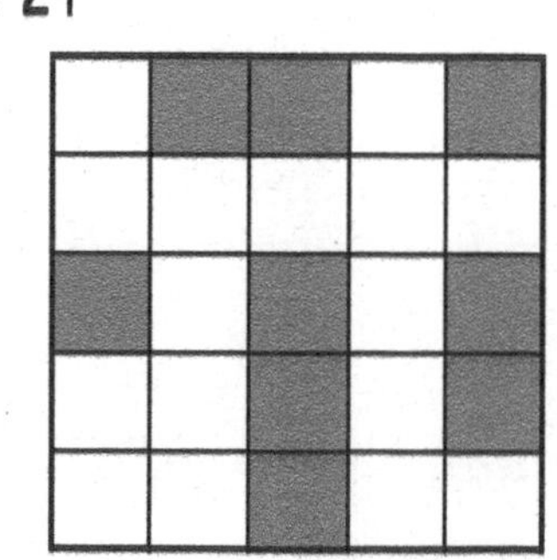

JUEGO MENTAL 25

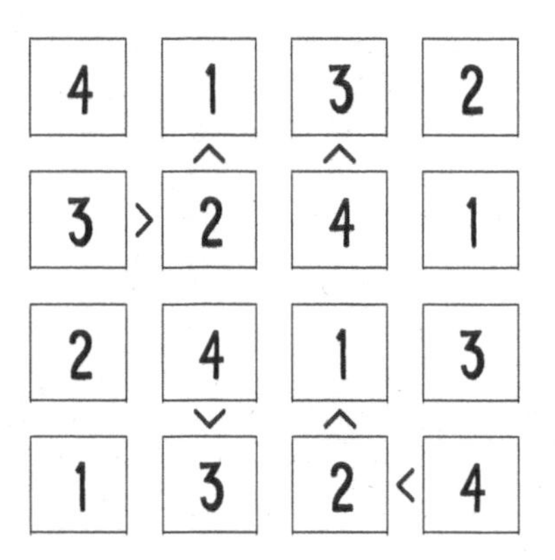

4	1	3	2
3	2	4	1
2	4	1	3
1	3	2	4

JUEGO MENTAL 26

Las tres palabras son estas:

bádminton, fútbol y voleibol.

JUEGO MENTAL 27

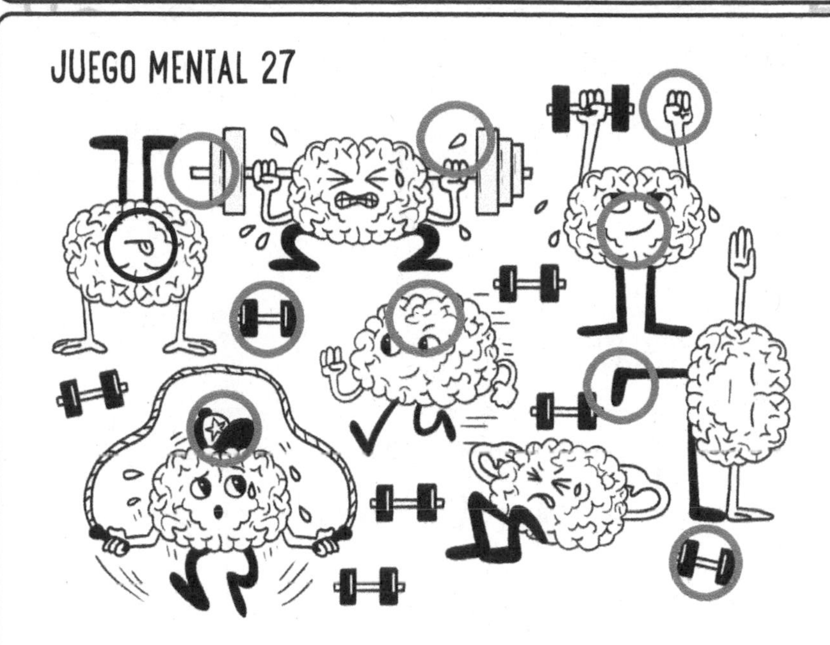

JUEGO MENTAL 28

a) 11 14 17 20 23 26 **29**
Suma 3 cada vez.

b) 51 46 41 36 31 26 **21**
Resta 5 cada vez.

c) 2 4 8 16 32 64 **128**
Multiplica por 2 cada vez.

d) 91 81 72 64 57 51 **46**
Resta 10, 9, 8, 7... y así de forma sucesiva.

e) 17 19 23 29 31 37 **41**
Números primos de menor a mayor.

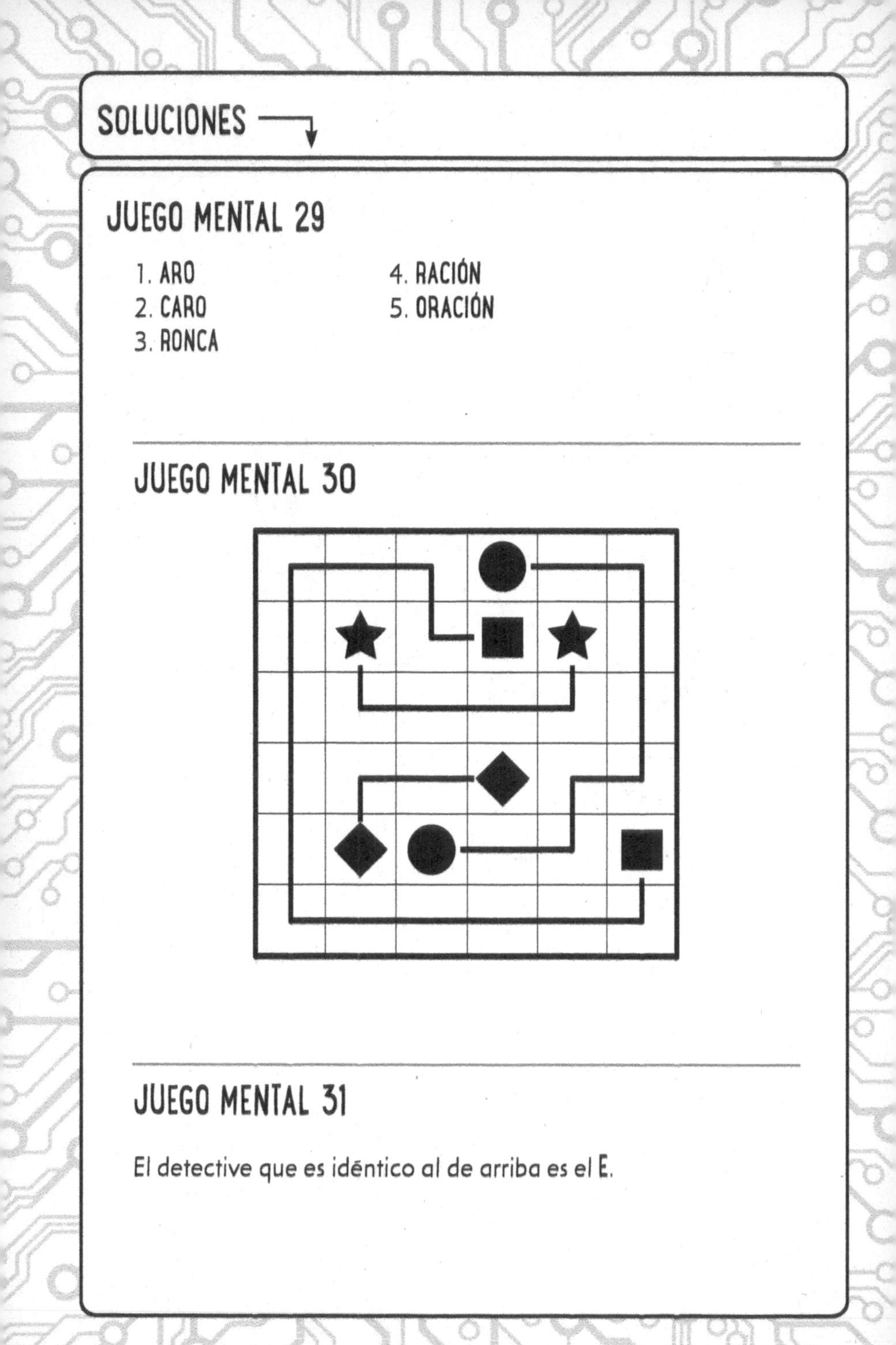

SOLUCIONES

JUEGO MENTAL 29

1. ARO
2. CARO
3. RONCA
4. RACIÓN
5. ORACIÓN

JUEGO MENTAL 30

JUEGO MENTAL 31

El detective que es idéntico al de arriba es el E.

JUEGO MENTAL 32

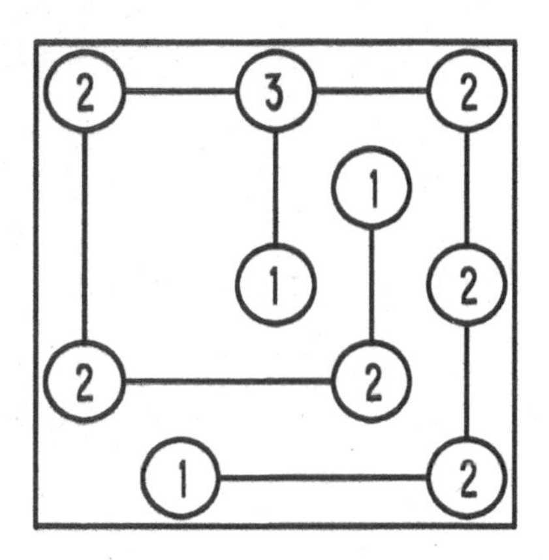

JUEGO MENTAL 33

a) Elimina el 2 del 12 para llegar a 5 × 1 + 9 = 14

b) Elimina el 1 del 10 para llegar a 0 + 20 + 30 + 40 = 90

c) Elimina el 2 del 23 para llegar a 3 + 34 + 45 = 82

d) Elimina el 2 del 28 para llegar a 91 + 19 + 8 + 82 = 200

JUEGO MENTAL 34

Las parejas de cerebritos son estas:

A – H, B – D, C – E y **F – G.**

SOLUCIONES

JUEGO MENTAL 35

a) He ido a dar un paseo con MÓNICA por el **CAMINO**.

b) ¿Alguien sabe cómo se dice **ESPONJA** en JAPONÉS?

c) Estoy seguro de que MARTA **TRAMA** algo.

d) ¡Qué envidia! SUSANA se ha ido a un balneario donde hay muchas **SAUNAS**.

e) Tengo que ANIMAR a **MARINA** para que se venga al cine conmigo.

f) En mi CUARTO tengo **CUATRO** pósteres de mi peli favorita.

g) Quería un gato, pero como no sabía de qué RAZA lo he escogido al **AZAR**. ¡Es muy bonito!

h) ¡Mi tía estaba de crucero y se ha desmayado porque ha visto una COBRA enorme en el **BARCO**!

JUEGO MENTAL 36

Los animales escondidos son estos:

pato, **cebra** y **mono**.

JUEGO MENTAL 37

a)

2	4	3	1
4	2	1	3
3	1	4	2
1	3	2	4

b)

3	2	4	1
4	1	3	2
2	3	1	4
1	4	2	3

JUEGO MENTAL 38

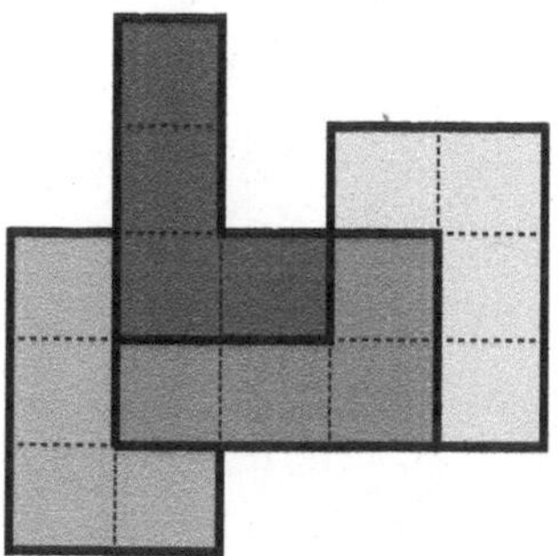

SOLUCIONES

JUEGO MENTAL 39

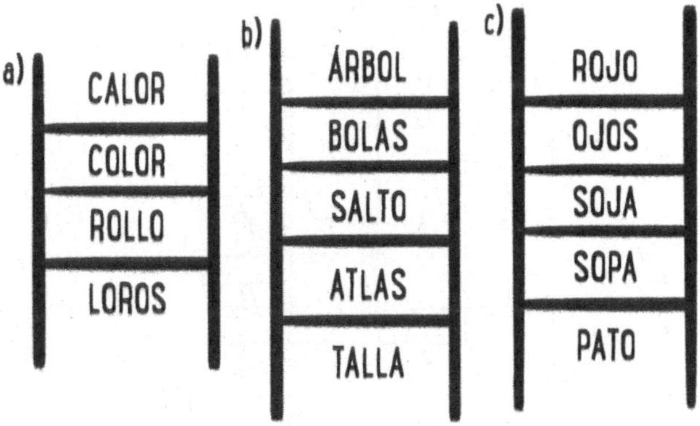

a)
CALOR
COLOR
ROLLO
LOROS

b)
ÁRBOL
BOLAS
SALTO
ATLAS
TALLA

c)
ROJO
OJOS
SOJA
SOPA
PATO

JUEGO MENTAL 40

JUEGO MENTAL 41

1. c, 2. a, 3. b

JUEGO MENTAL 42

2	1	4	5	6	3
3	5	6	4	2	1
4	3	1	6	5	2
6	2	5	1	3	4
5	4	3	2	1	6
1	6	2	3	4	5

JUEGO MENTAL 44

Hay **35 cubos**: 2 en la primera capa (contando de arriba abajo), 7 en la segunda, 11 en la tercera y 15 en la cuarta.

SOLUCIONES

JUEGO MENTAL 45

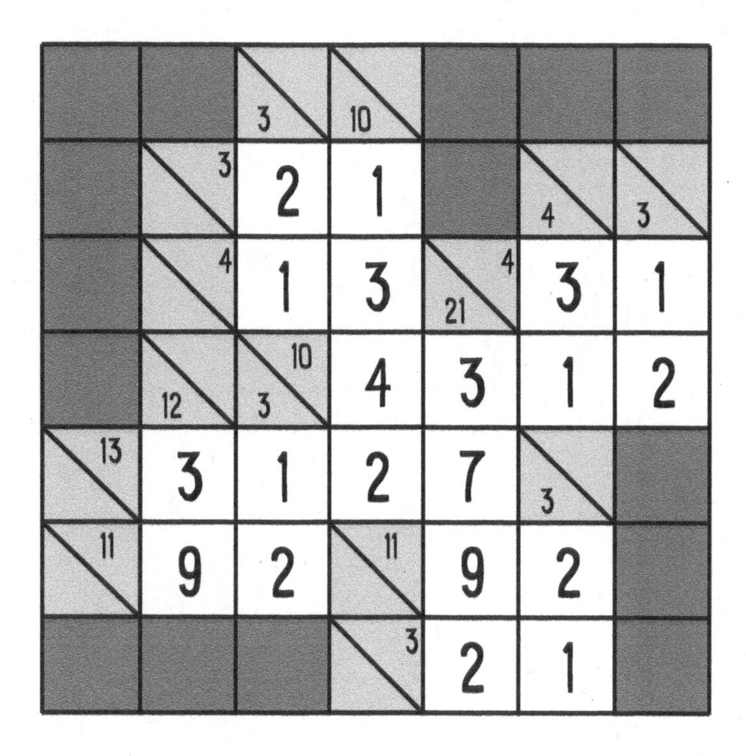

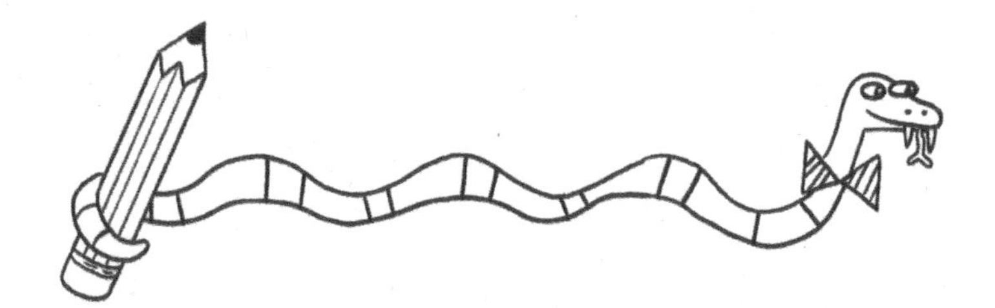

JUEGO MENTAL 46

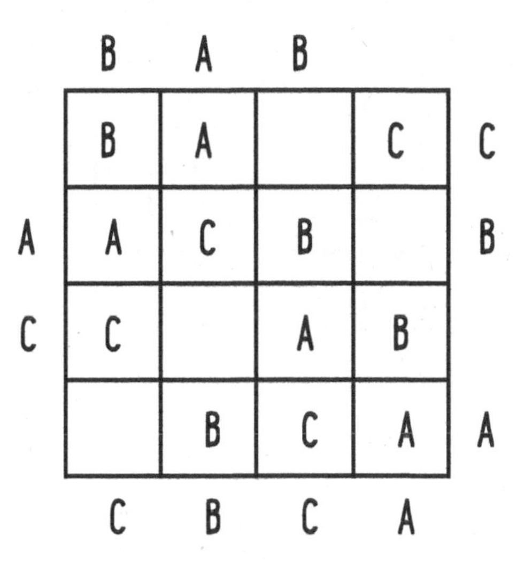

JUEGO MENTAL 47

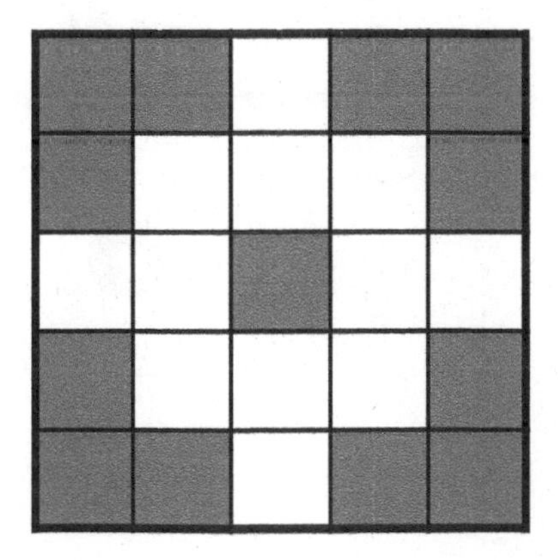

SOLUCIONES

JUEGO MENTAL 48

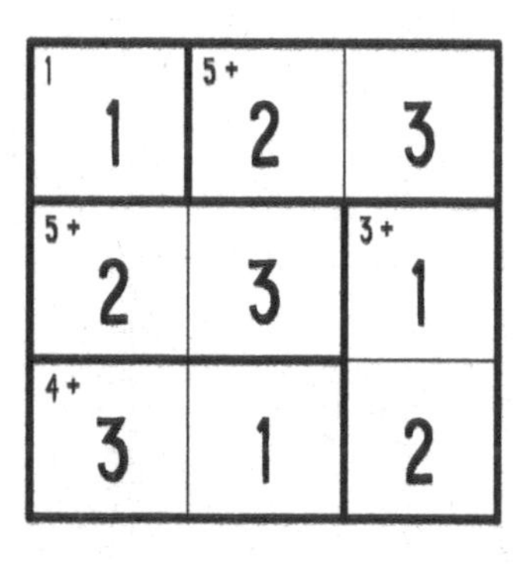

1: 1	5+: 2	3
5+: 2	3	3+: 1
4+: 3	1	2

JUEGO MENTAL 49

Es un **patín**.

JUEGO MENTAL 50

Abigail tiene **7 años**, Brent tiene **12 años** y Charlie tiene **5 años**.

JUEGO MENTAL 51

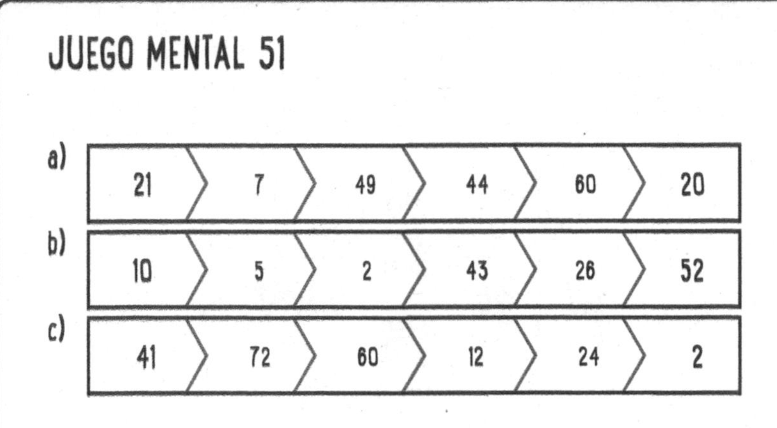

JUEGO MENTAL 52

5	0	6	1	2	5	4	0
1	2	3	1	1	3	3	5
2	2	6	6	2	3	6	4
4	0	0	4	4	6	5	1
3	6	0	6	0	2	5	5
4	1	3	5	2	4	6	0
2	1	0	4	3	1	3	5

SOLUCIONES

JUEGO MENTAL 53

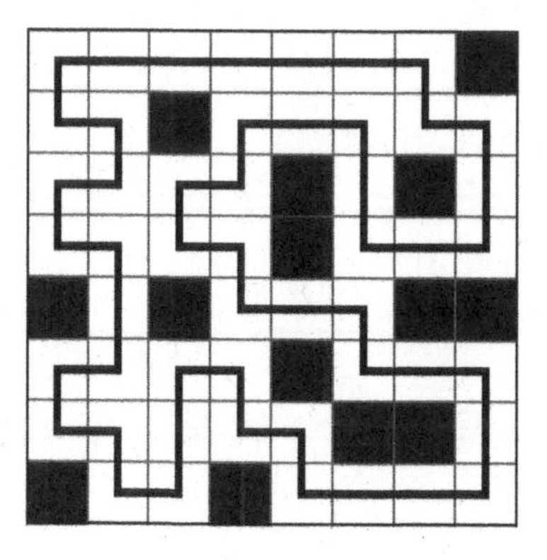

JUEGO MENTAL 54

a)

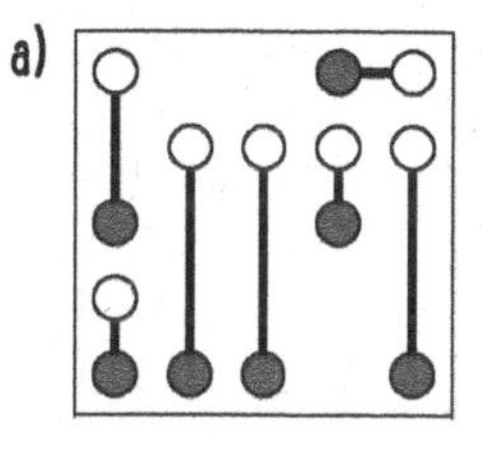

b)

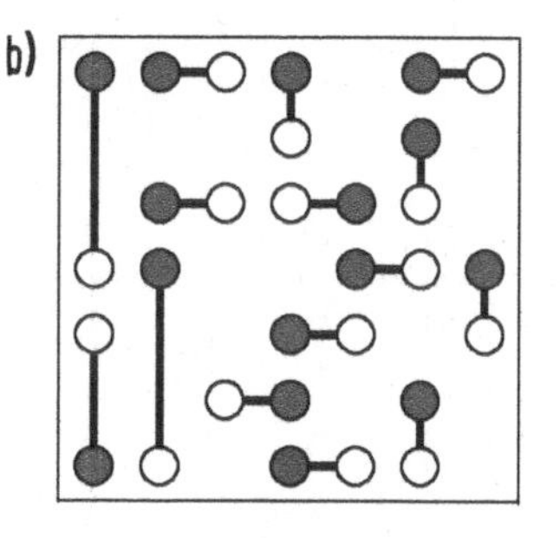

JUEGO MENTAL 55

a)

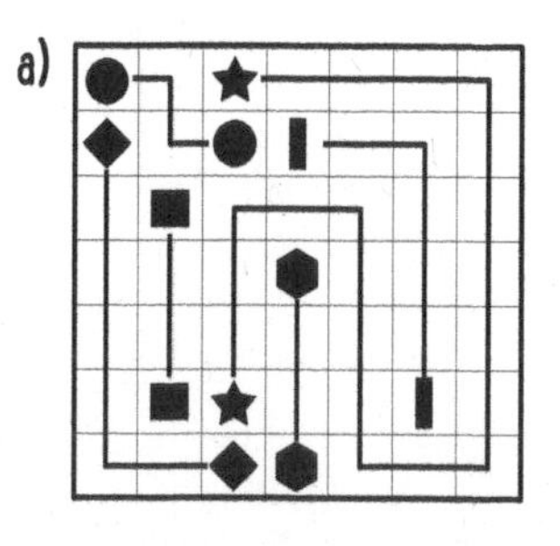

b)

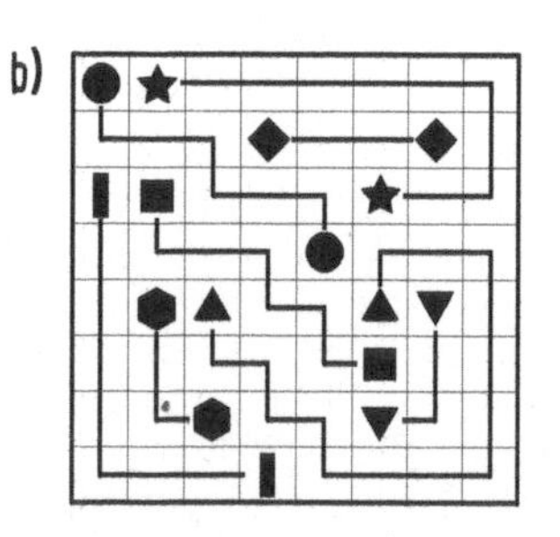

JUEGO MENTAL 56

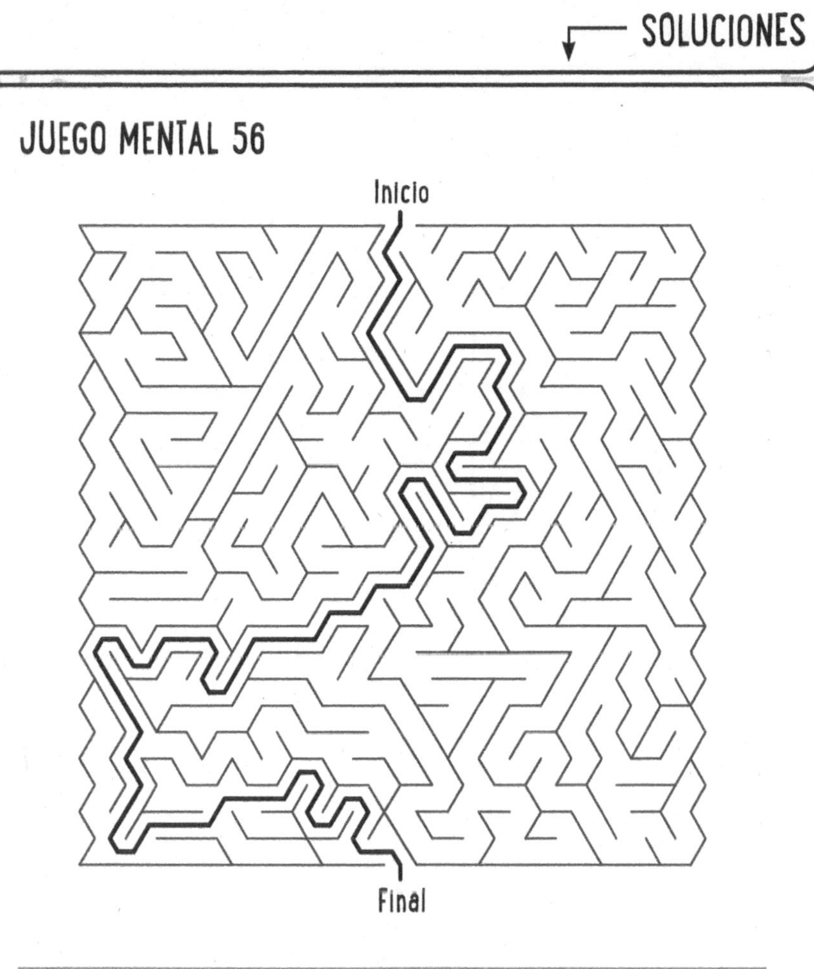

JUEGO MENTAL 57

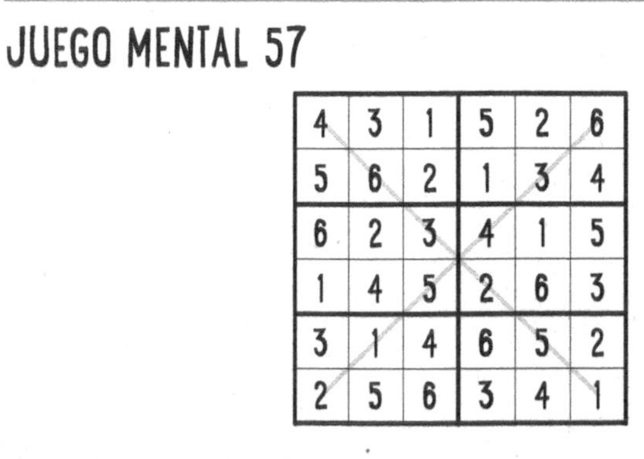

4	3	1	5	2	6
5	6	2	1	3	4
6	2	3	4	1	5
1	4	5	2	6	3
3	1	4	6	5	2
2	5	6	3	4	1

SOLUCIONES

JUEGO MENTAL 58

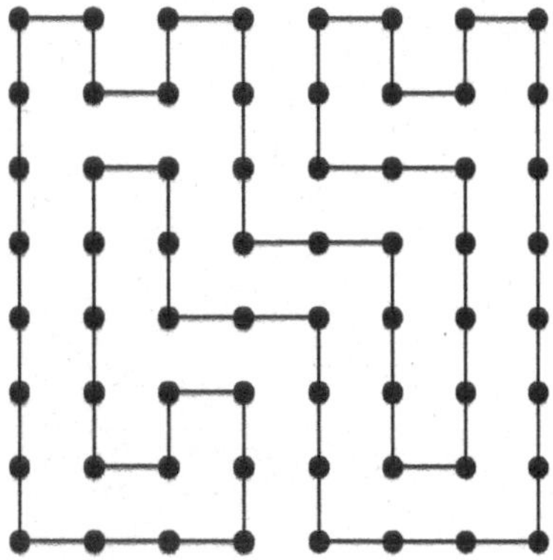

JUEGO MENTAL 59

0	1	0	0	1	1
0	0	1	1	0	1
1	0	0	1	1	0
0	1	1	0	0	1
1	0	1	1	0	0
1	1	0	0	1	0

JUEGO MENTAL 60

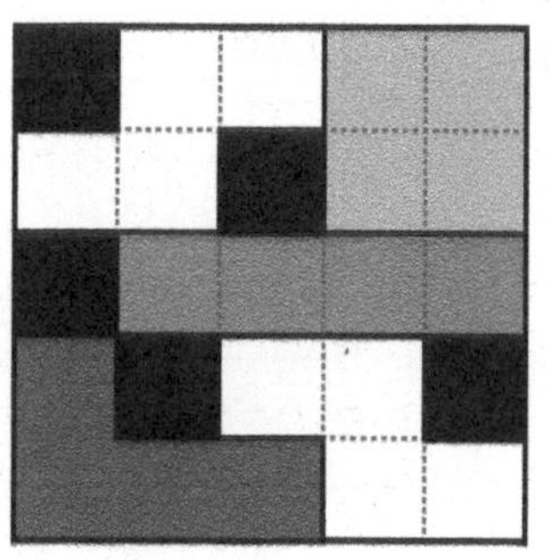

JUEGO MENTAL 61

1	4	3	6	2	5
2	6	1	5	3	4
5	3	4	2	6	1
6	2	5	1	4	3
4	1	6	3	5	2
3	5	2	4	1	6

JUEGO MENTAL 62

Los números escondidos son estos:

veinte, trece y **seis.**

SOLUCIONES

JUEGO MENTAL 63

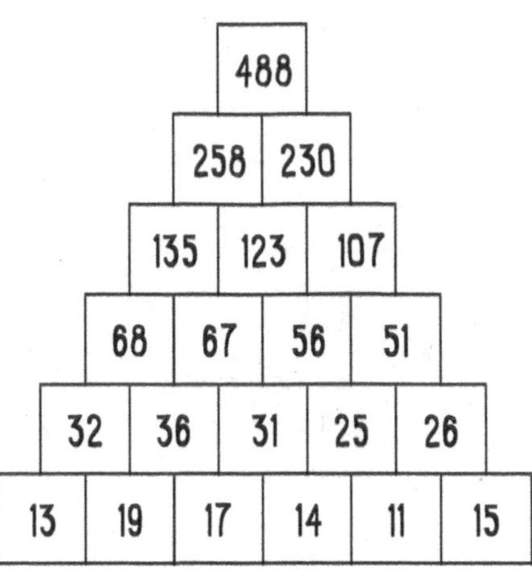

JUEGO MENTAL 64

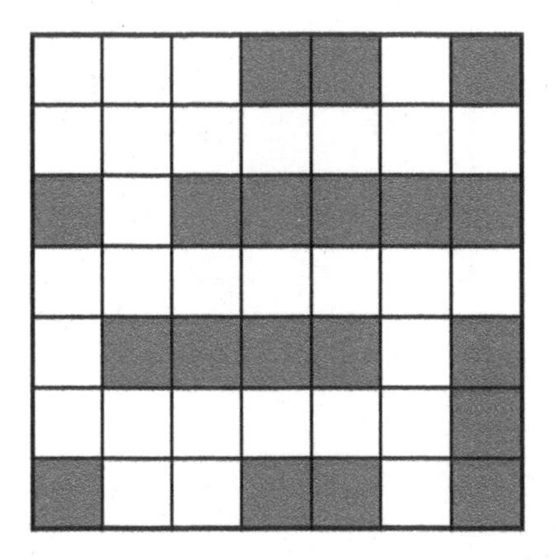

JUEGO MENTAL 65

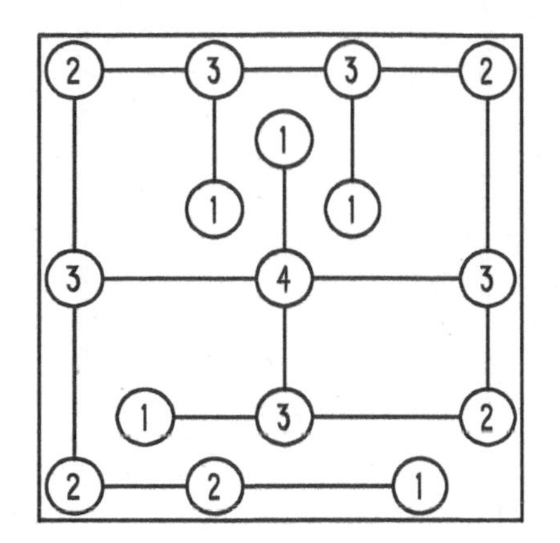

JUEGO MENTAL 66

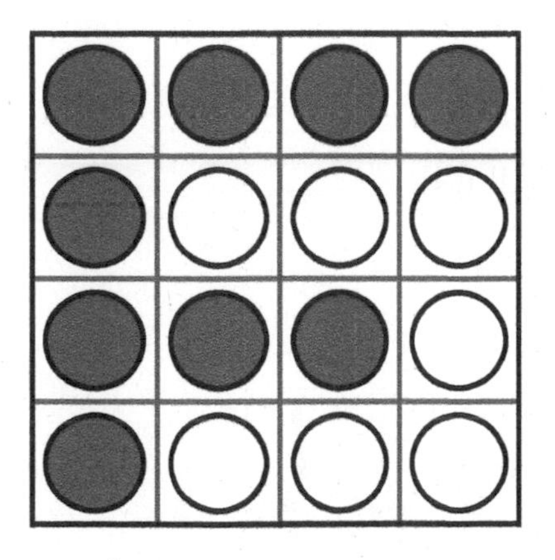

SOLUCIONES

JUEGO MENTAL 67

3	4	5	1	2
4	3	2	5	1
5	2	1	3	4
2	1	3	4	5
1	5	4	2	3

JUEGO MENTAL 68

a) 20 = **9 + 11**

b) 40 = **9 + 13 + 18**

c) 60 = **4 + 11 + 13 + 15 + 17**

d) 68 = **9 + 11 + 13 + 17 + 18**

JUEGO MENTAL 69

Hay **29 rectángulos.**

JUEGO MENTAL 70

6	4	3	5	1	2
2	5	1	3	6	4
4	1	6	2	3	5
5	3	2	1	4	6
3	6	5	4	2	1
1	2	4	6	5	3

JUEGO MENTAL 71

a) 30 = 8 + 10 + 12

b) 51 = 20 + 10 + 21

c) 52 = 19 + 17 + 16

JUEGO MENTAL 72

1	4	6	6	2	3	1	5
1	0	2	0	5	0	0	4
3	4	6	3	4	6	1	0
4	0	1	5	1	6	2	3
4	5	2	6	2	6	0	3
3	1	0	2	2	1	4	2
3	5	4	5	5	6	3	5

SOLUCIONES
JUEGO MENTAL 73
JUEGO MENTAL 74
12+4=16
20-3=17

JUEGO MENTAL 75

a) 4 monedas: 50 + 20 + 2 + 1

b) 9 monedas: 1 + 2 + 5 + 5 + 10 + 10 + 20 + 20 + 25

c) Te tendrían que devolver 51 céntimos de Lejanolandia, así que dos monedas: una de 50 + una de 1.

d) Hay cuatro maneras:
20
10 + 10
10 + 5 + 5
10 + 5 + 2 + 2 + 1

JUEGO MENTAL 76

a) SÑDR = SOÑADOR
b) JMPLS = EJEMPLOS
c) CRBRT = CEREBRITO
d) CNSNNT = CONSONANTE
e) JGR = JUGAR
f) STDR = ESTUDIAR
g) GLB = GLOBO

JUEGO MENTAL 77

La forma que encaja es la D.

SOLUCIONES

JUEGO MENTAL 78

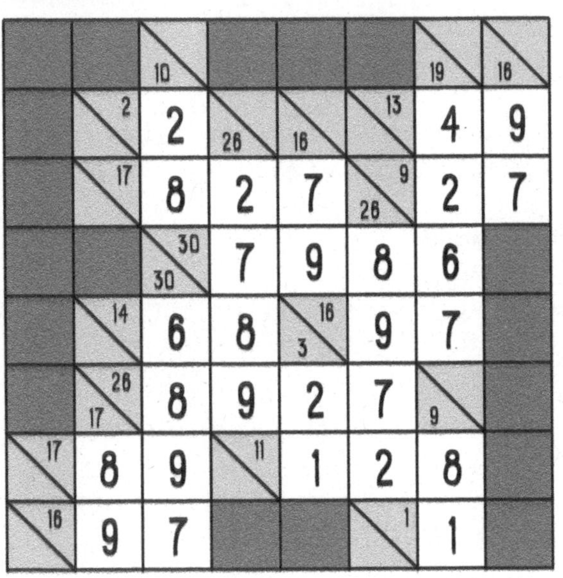

JUEGO MENTAL 79

a) Dice **«VUELVO EN 5 MINUTOS»**. Hay que leerlo de izquierda a derecha, de arriba abajo, como siempre, pero las líneas están cortadas de manera un poco rara y se han borrado los espacios que debería haber entre las palabras.

b) Hay que leer cada palabra de derecha a izquierda. Dice: **«¡Bien hecho! ¡Has podido leerla!»**.

c) Aquí hay que leer la frase entera al revés, de derecha a izquierda, ignorar los espacios que hay y averiguar dónde empieza y termina cada palabra. El mensaje oculto es: **«Esto es un mensaje secreto»**.

JUEGO MENTAL 80

a) S: uno, dos, tres, cuatro, cinco, seis, **siete** (números)

b) J: enero, febrero, marzo, abril, mayo, junio, **julio** (meses)

c) O: medio, tercio, cuarto, quinto, sexto, séptimo, **octavo** (números partitivos)

d) V: rojo, naranja, amarillo, verde, azul, índigo, **violeta** (colores del arcoíris en orden)

e) U: Mercurio, Venus, Tierra, Marte, Júpiter, Saturno, **Urano** (planetas en orden del más cercano al más lejano del Sol)

JUEGO MENTAL 81

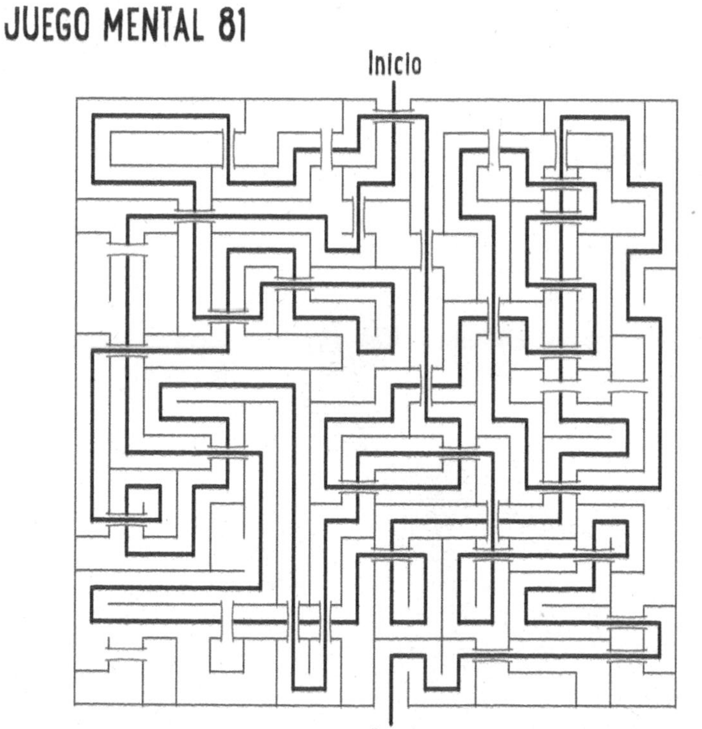

JUEGO MENTAL 82

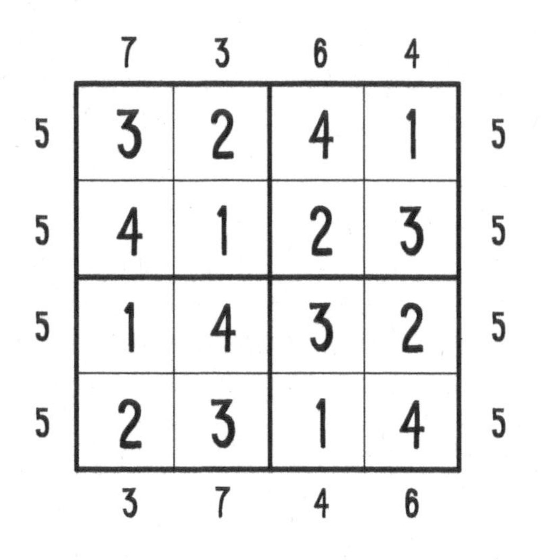

JUEGO MENTAL 83

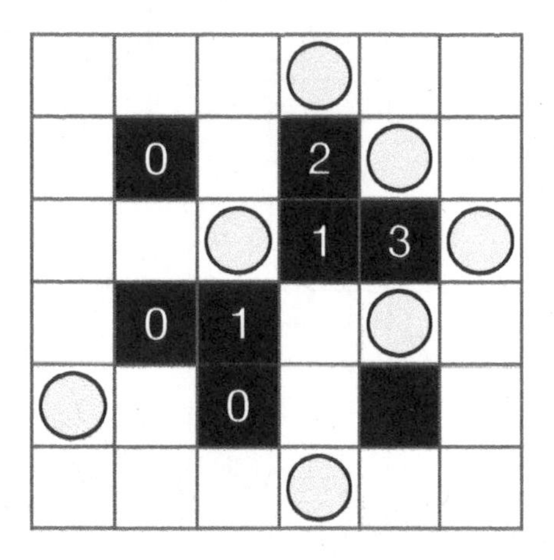

JUEGO MENTAL 84

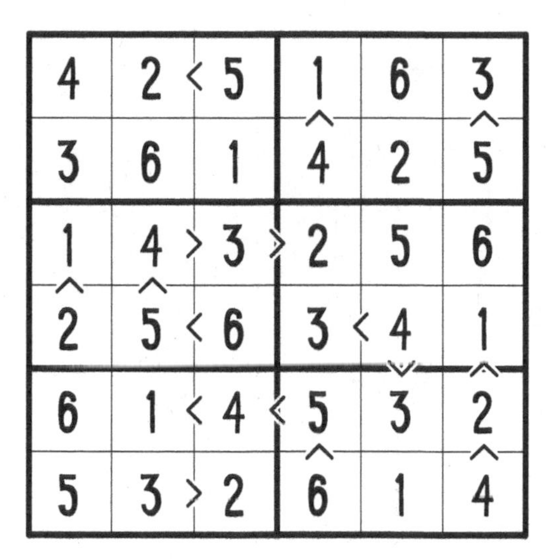

JUEGO MENTAL 85

Las parejas de leones profesores son estas:

A-G, B-H, C-F y D-E.

JUEGO MENTAL 86

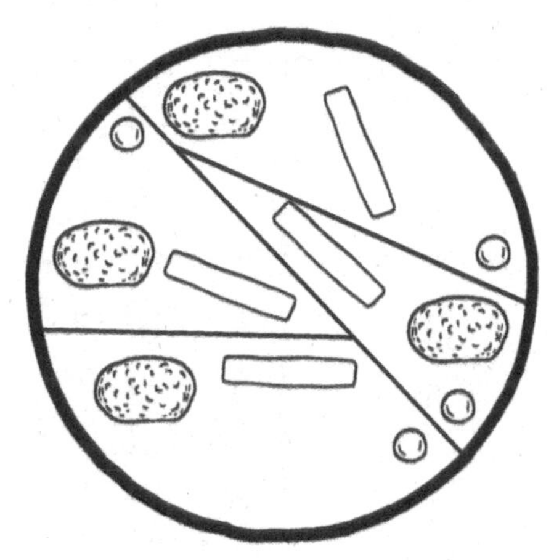

JUEGO MENTAL 87

Si el delincuente 1 dice la verdad, entonces cuatro respuestas serían ciertas, pero eso no es posible porque son diferentes. Del mismo modo, si los delincuentes 2 y 3 dicen la verdad, entonces habría dos o más delincuentes diciendo la verdad, lo cual no es posible por la misma razón.

Si el delincuente 5 dice la verdad, no estaría mintiendo y se contradeciría a sí mismo, así que tampoco puede ser la verdad. Por ello, sabemos que los delincuentes 1, 2, 3 y 5, sin duda, mienten.

En cambio, el delincuente 4 no puede estar mintiendo, porque en ese caso los cinco delincuentes estarían mintiendo y ya hemos visto que la declaración del delincuente 5 («Todos estamos mintiendo») no es cierta. **Así que el delincuente 4 tiene que estar diciendo la verdad.**

JUEGO MENTAL 88

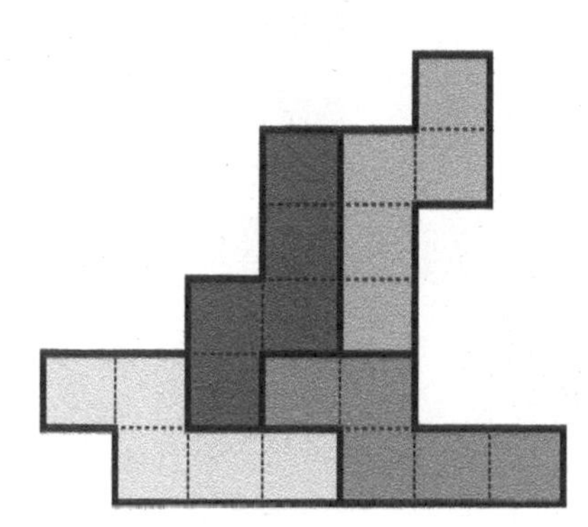

JUEGO MENTAL 89

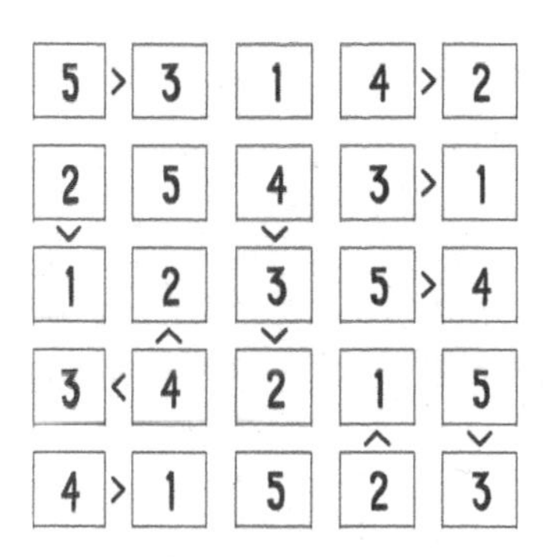

JUEGO MENTAL 90

La silueta correcta es la C.

SOLUCIONES

JUEGO MENTAL 91

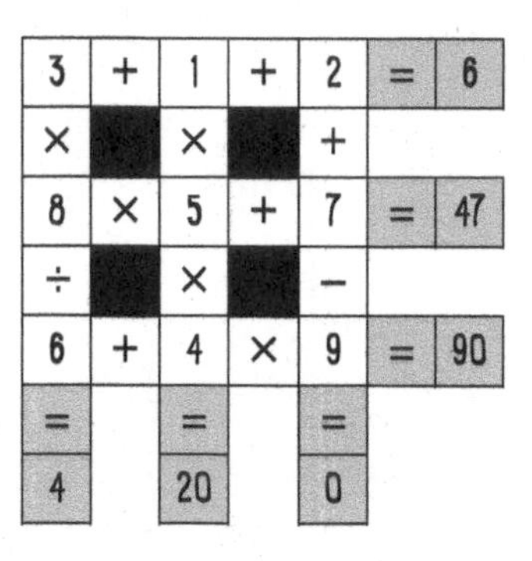

3	+	1	+	2	=	6
×	■	×	■	+		
8	×	5	+	7	=	47
÷	■	×	■	−		
6	+	4	×	9	=	90
=		=		=		
4		20		0		

JUEGO MENTAL 92

7	8	9	12	13	14
6	5	10	11	16	15
1	4	35	36	17	18
2	3	34	33	32	19
27	28	29	30	31	20
26	25	24	23	22	21

JUEGO MENTAL 93

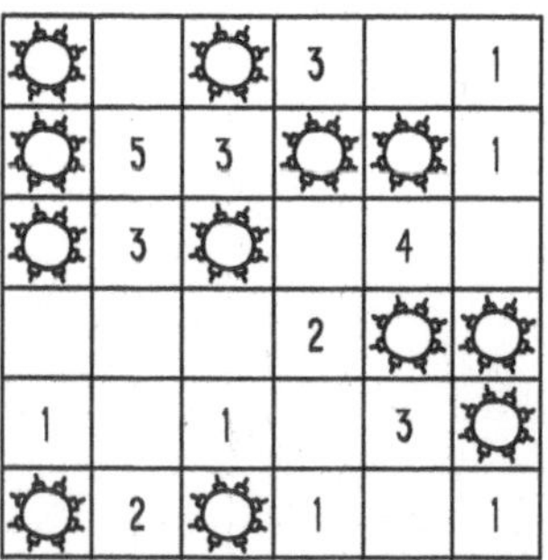

☼		☼	3		1
☼	5	3	☼	☼	1
☼	3	☼		4	
			2	☼	☼
1		1		3	☼
☼	2	☼	1		1

JUEGO MENTAL 94

Es una **BICI**.

JUEGO MENTAL 95

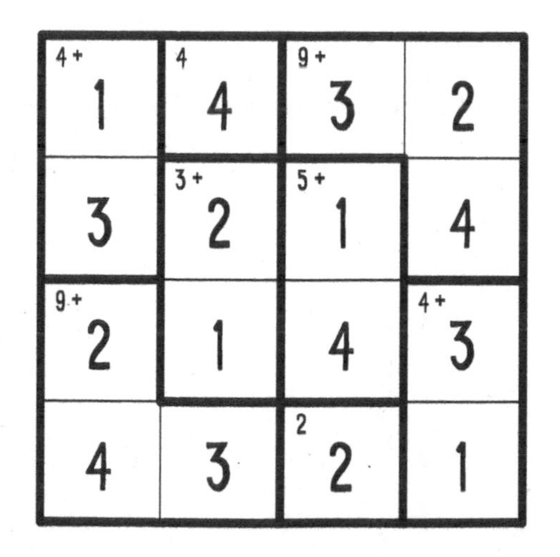

4+ 1	4 4	9+ 3	2
3	3+ 2	5+ 1	4
9+ 2	1	4	4+ 3
4	3	2 2	1

SOLUCIONES

JUEGO MENTAL 96

1. ESA
2. SETA
3. ANTES
4. SENTAR
5. ESTIRAN
6. ASENTIRÉ
7. BIENESTAR
8. INTERESABA
9. EBANISTERÍA

JUEGO MENTAL 97

6	2	3	1	4	5
5	4	1	6	2	3
3	6	2	4	5	1
4	1	5	3	6	2
1	5	6	2	3	4
2	3	4	5	1	6

JUEGO MENTAL 98

	C		C		B	
	C	A			B	B
		C		B	A	A
A	A	B	C			C
B			B	A	C	C
	B		A	C		
	B	B	A			

JUEGO MENTAL 99

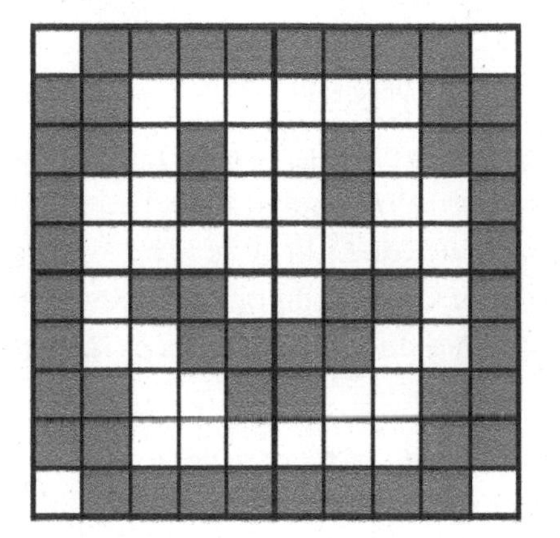

JUEGO MENTAL 100

3	5	2	4	1
1	2	4	3	5
4	1	5	2	3
5	4	3	1	2
2	3	1	5	4

SOLUCIONES

JUEGO MENTAL 101

Isabella se ha comido una **manzana** en el **desayuno**.
Olivia se ha comido una **naranja** en el **almuerzo**.
Noah se ha comido una **pera** en la **cena**.

Puedes descifrar este problema con la lógica, sin tener que hacer ninguna suposición. Noah no se ha comido la fruta en el desayuno y sabemos que Olivia se la ha comido más tarde que Isabella, así que Olivia tampoco se ha comido la fruta en el desayuno. Esto quiere decir que Isabella es la que se ha comido la fruta en el desayuno.

Sabemos que Isabella no se ha comido la pera y que Olivia se ha comido la naranja, así que Isabella se debe haber comido la manzana. En resumen, ahora sabemos que Isabella se ha comido una manzana en el desayuno.

También sabemos que la pera no ha formado parte del almuerzo de ninguno, así que tiene que pertenecer a la cena, porque ya hemos visto que en el desayuno no puede ser. Esto significa que Olivia, que se ha comido la naranja, ha tomado la fruta en el almuerzo. La única persona que queda es Noah, que se tiene que haber comido una pera en la cena.

NOTAS
Y
GARABATOS

NOTAS Y GARABATOS

NOTAS Y GARABATOS

NOTAS Y GARABATOS

NOTAS Y GARABATOS

NOTAS Y GARABATOS

NOTAS Y GARABATOS

NOTAS Y GARABATOS

NOTAS Y GARABATOS

NOTAS Y GARABATOS

NOTAS Y GARABATOS

NOTAS Y GARABATOS

NOTAS Y GARABATOS

NOTAS Y GARABATOS

NOTAS Y GARABATOS

NOTAS Y GARABATOS

NOTAS Y GARABATOS

NOTAS Y GARABATOS

NOTAS Y GARABATOS

NOTAS Y GARABATOS

NOTAS Y GARABATOS

NOTAS Y GARABATOS